内子座

UCHI
KO
ZA

地域が支える町の劇場の100年

『内子座』編集委員会 編著

学芸出版社

萬荒物小間物學校用品硯子板
安川喜十郎商店
福岡商店

劇場の記憶

毎日お客様をお迎えして

子供の頃、内子座で映画や音楽劇の「山彦ものがたり」を観た記憶があります。特に山彦ものがたりは、確か一九八八年と一九九一年に二回あったんですが、子供心にすごく楽しくて両方とも連れていってもらいました。尾藤イサオさんも出ていたと思います。小学校一年の時に、習ってたピアノ教室の発表会で、舞台に立ったこともありますよ。

二〇〇四年から内子座の管理スタッフとして勤務しています。毎日国内外からいろんなお客様が来られます。昔を懐かしむ年配の方、面白いという若い方。時には歌を歌ったり、踊ったり、楽器を演奏したりする方もいます。一番多いのは見得を切る方です。この舞台や花道を見ると、皆さん、楽しくなるのだと思います。

福岡美穂（33歳　内子座管理スタッフ）

定期演奏会で舞った紙吹雪

家が大洲だったので、内子座のことは郷土芸能部に入るまで全く知りませんでした。たぶん名前も聞いたことなかったと思います。

最初に中に入ったのは一年生の時の定期演奏会に向けての練習で、いろいろ印象深かったんですが、特に覚えているのは木の匂いですね。そう言えば練習の空き時間には、見学に来られた人に内子座のガイドなんかもやってました。

三年生の時の定期演奏会のラストで「彩」という曲を演奏したんですが、最後に紙吹雪の演出があったんです。紙吹雪は保護者とかが作ってくれたんですが、とにかく内子座いっぱいに舞い上がって、その風景は本当に感動的でした。後片付けはすごく大変でしたけど（笑）。

上甲翔（19歳　専門学校生／元内子高校郷土芸能部）

結婚式、映画館、健康体操

内子座の前で叔母が開業する美容室に勤めるため、昭和一八年に五十崎《いかざき》から来てもう七〇年。その間、いろいろな事がありました。

昭和二二年には内子座で初めての結婚式を挙げました。舞台上での式、披露宴です。遠い昔の事となりました。

映画館になったこともありました。長い間、空き家の時期もありましたが、小学生の通学時の集合場所になり、夏休みにはラジオ体操会場だったので、寂しくはなかったです。

昭和五一年には、健康体操の会場探しに困っていた折、当時は商工会議所となっていたのですが、快く貸していただき、お陰様で今は別場所となりましたが、続いています。

今の形に改装後は、演劇やいろんなイベントがあり、毎日たくさんの観光客が訪れます。これからも益々元気で大勢の人を楽しませてほしいです。

大原キシカ（88歳　内子在住）

私たちの「結婚式」

夫「内子座って、結婚式できるんかな？」 私「うーん、できなくはないような……。ローテンブルク市からの訪問に合わせてやれば、やりやすいんじゃないかな？」

こうして始まった内子座での「結婚式プロジェクト」。国際交流協会からの了解を得て、内子座も無事に借りることができ、職場の同期や劇団員、バンドに太鼓といった仲間たちに支えられ、二〇一〇年四月三日に結婚式を挙げることができました。

祭壇を飾った舞台の厳かさは照明によって幻想的な雰囲気が加わり、客席には招待客に加えてローテンブルク市訪問団や偶然居合わせた観光客の面々。花道でのフラワーシャワーに、大向席後ろの窓を開け放ってのお菓子まき。どの光景を思い出しても、それまで知っていた内子座とはまた違う顔だったことに、あらためて内子座で結婚式ができたことを感謝。

多比良雅美（43歳　内子町役場職員）

嶋大夫の熱演とお客様の拍手

内子座文楽はこれまで何度か鑑賞させていただいたことがあります。

平成二五年の「平家女護嶋」でしたか、地元ご出身の嶋大夫様の出番の際に二階席から「嶋大夫さん入ります！」との声がかかり、思わず私も「待ってましたッ！」と声をかけてしまいました。そして地元のお客様の割れんばかりの拍手に迎えられた嶋大夫さんの一段と熱の入った演技に、さすが内子座は違うなと痛感いたしました。

内子座をしっかりと守って継続し、そして内子の町を大切にし発展させていくという意気込みが伝わって参りました。劇場の造りも照明も、大正の雰囲気を平成の今まで残していること自体すごいとつくづく思いました。

正井良德（公益財団法人淡路人形協会理事長）

父と兄、そして私の記憶

兄たちの話によると、戦後まもなく西野直博医師が上灘の興行師・福本又右衛門氏を連れてきて父に紹介し、父は内子座を借りる保証人のようなものになったそうだ。当然、兄たちは木戸御免で見にいけた。その頃は興行を行う場所も少なかったのか、内子座には有名歌手や浪曲師などがよく来ていて、その中には前進座もいて「鎌髭」や「魚屋宗五郎」を演じていたらしい。中村翫右衛門さんらが我が家に挨拶に来たと、父はよく話していた。

私自身にとっての内子座は映画館としての記憶のほうが強いけれど、子供のころ何度か芝居を見た記憶は残っている。休憩時間、舞台に駆け寄って、幕をめくり、トンカチトンカチと場面を変えている様子を見たものである。

越智益子（68歳　内子町ボランティアガイド）

実験用変圧器を照明装置に

内子座と関わったのは青年団演劇で、内子町代表として全国大会に行ったこともあります。昭和三〇年ごろはまだ周辺にも芝居小屋がたくさん残ってました。だから内子座もその中の一つというくらいで、舞台に立っても特別な想いというのはなかったですね。

そう言えば、小学校にあった「スライダック」という理科実験用の変圧器を舞台照明の装置として使ってました。ただ出力が五〇〇W程度だからライトを五つ点けると焼けてしまう。そこで内子に来た芝居関係の人にいろいろ教えてもらって、塩水抵抗による暗転の方法などを工夫したのを覚えています。

できればもう一度、高齢者劇団でも作って内子座の舞台に立ちたいです。出し物はリアリズム的な歴史物、それも個性的な人物中心の芝居。夢みたいな話ですが(笑)。

一柳清志（78歳　内子町観光協会長）

劇場としての「凄み」

「内子座ってすごい小屋なんだ!」と実感したのは一九九四年の玉三郎さん「鷺娘」です。それまでも内子座には行ったことはありましたが、その時は舞台の大きさとか、昔の広告看板とか、格天井とか、もちろん古さとか、いろんなことが組み合わさって、とにかく劇場としての「凄み」を感じました。

内子町商工会で女性部の部長をしている時、一〇〇人程度の研修会を内子座で開催することになり、ちょうど同じ頃に知り合った落語家の林家染太さんにお声がけしたんです。そしたら「いつか内子座でやりたいと思っていたんです」と二つ返事で快諾いただいて、さらに染太さんの同級生のバイオリニストの方も一緒に来て演奏していただきました。研修に参加した方たちはみなさん感動して「最高でした」と言っていただきましたよ。

西岡千代子（69歳　元内子町商工会女性部長）

文楽公演中に停電

着付け教室で知り合った知人に教えてもらったのがきっかけで、内子座文楽のお茶子をさせていただくようになり、はや八年目の夏が過ぎました。お客様に「ありがとうございました」と申し上げるのが清々しく、また内子座に関わる皆さんにも親切にしていただき、最近では文楽以外の公演のお手伝いも時々させていただいています。

いつだったか公演中に停電になったことがありました。私は二階で観せていただいていたのですが、急に照明が消えて真っ暗になって、それでも演者さんは動じることなくよどみなく上演を続けられていて、とても感動しました。お客様も冷房が切れさぞかし暑かったことと思いますが、公演後に「江戸時代みたいでよかったよ」と優しくお声掛けいただきました。

田頭亜貴（40歳　内子座ボランティアスタッフ松山市在住）

忙しかった町並博

内子座の仕事に就いたのは一九九六年。今はガイドをやっていますが、かれこれ二〇年近く内子座の仕事をしていることになります。

思い出すのは二〇〇四年の「町並博」。四月から一〇月の開催で、その期間は内子座でもひっきりなしに有名な方の公演がありました。もちろんお客さんも多くて、五月の連休には一日で一七五〇人もの人が来座されました。とにかく現場は忙しかったですよ。公演の前日はたいてい夜一〇時くらいまで残業しました。

町並博の間、県から雇われた舞台監督さんや照明さんなど何人かの裏方さんが住み込みで常駐していて、毎日顔を合わせるうちに仲良くなりました。公演がない日は、夜にみんなで外に出て焼肉をやったりして。だから終わる時は、ちょっと寂しかったです。

井上明美（64歳　内子座ガイド／元内子座管理スタッフ）

初の中継録画はオーガンス

内子町の隣、大洲生まれで大洲育ちの私にとって、内子座との関わりは地元のケーブルテレビに入社してからになる。

もう二五年程前になるだろうか、初めて内子座へ取材へ行った時のことは、正直あまり覚えていない。当時のテレビカメラの性能はあまり良くはなく、内子座の暗い場内は照明機材が必要で、撮影に苦労したことだけはかすかに記憶がある。

それからしばらくして、内子座で初めて中継録画をやることになった。二階にあった資料の展示室に機材を運び込み、一階と二階にカメラを一台ずつ、マイクも独自に立てて収録した。その記念すべき内容は、今でも地道に活動されている劇団オーガンスさんの旗揚げ公演だった。

演ずる側と撮る側が今も繋がり、活動を続けていることが、内子座を通じて得た私の財産であると確信している。

城戸輝芳（52歳　会社員）

お客さんの顔が見える舞台

村前《むらさき》大根一座と内子座の関わりは、約二〇年前になります。全国芝居小屋会議が開催されており、伊予万歳を指導いただいている平野修先生よりお声がけがありまして、私たち村前の者も参加させていただきました。その時の感動は今も忘れることはできません。現在は内子町文化協会へ入会し、毎年五月に開催されている芸能発表会にも参加させてもらっております。

やはり内子座の舞台はいいですね。雰囲気が昔の劇場のようなので日本の芸能は特によく映えます。

舞台に立つと客席がよく見渡せます。お客さんの顔色を見ながらやるのはなかなかいいもんですよ。

篠崎平治（81歳　村前大根一座代表）

舞台照明スタッフとして

最初に内子座で照明スタッフをさせてもらったのは、一九八八年の「平家物語」です。当時うちの会社の社長が主催の興行グループに参加していて、ちょっとやってくれないかと頼まれました。それ以降、年に数回程度のペースで舞台照明を手がけさせてもらっています。

特に印象に残っているのは、二〇一二年のＪＰＤＡ（日本パッケージデザイン協会）の全国大会。事前の打ち合わせで弓を放ったり廻り舞台を動かしたりといろいろ凝った演出のプランをお伺いしたので、内子座にある機材のことなどをご説明させてもらったんです。そしたら、愛媛県出身の山内敏功《びんこう》さんが「何も足さない。何も引かない。そのままの内子座でいいんです」とおっしゃられて、それならばとお引き受けすることにしました。内子座にある機材と回路に収まる照明プランを作って図面に起こし、当日も無事に実現せることができました。本番が終わるまでは冷や汗ものでしたが、終わってみればとても楽しくいい経験でした。

森茂樹（59歳　会社員）

和紙と蝋燭の映える舞台

歴史の重みには、見る人を圧倒するパワーがあります。内子座に一歩足を踏み入れた瞬間、脳裏に〝威風堂々〟という言葉が浮かびました。威厳があるのです。そのくせ温かいのです。

その温かさは、障子越しに揺れる蝋燭の炎。なので、和紙と蝋燭を使った舞台を作ってみたくなりました。「フラメンコ曽根崎心中」は内子座ならではのバージョン。内子座の空間に二つの小道具が映え、この舞踊劇をより魅力的にしてくれました。

内子座よ、永遠に、と心から願っています。

阿木燿子（女優）

秘密基地のような遊び場

私の記憶の中にある内子座は、秘密基地のような遊び場でした。結婚した今は、県外に住んでいますが、それまではずっと内子座の前にある実家で暮らしていました。

幼い頃は、姉や友だちと一緒に内子座のまわりで遊んでいました。当時は一般に公開しておらず、古びた感じはお化け屋敷のようでした。バトミントンの羽根がよく内子座の屋根に上がってしまい、こっそり中へ入って二階の窓から取りに出たりと、ちょっとしたスリルも味わいました。

確かな記憶ではありませんが、しばらくの間内子座にはおばあさんが一人住んでいたような気がします。それが誰で、何をしていたのか分かりませんが、現在の事務所あたりで、何かの組み立てや栗の皮剥きをされていたように思います。

今でも内子座を見ると、小学生だった当時の自分に、ふと出会えるような気がします。

斉藤恵子（42歳　兵庫県洲本市在住）

観光活用を模索

五十崎町長になる前から、遠方から来られたお客様には八日市・護国の町並みとセットで内子座をご案内していました。観光協会の会長になってからは、内子座の具体的な活用をいろいろ考えてきましたが、なかなか難しかったですね。イベントの回数を増やしても、地元の人たちは何回も行けないし、町外から人を呼ぶにもつてがない。やはりチケット販売が一番の重荷でした。

個人的に印象深い公演は、二〇〇六年の勘三郎さんの襲名披露。前の方の席で見せていただいたんですが、唾が飛ぶほどの熱演ぶりで、ものすごく迫力がありました。

いつか同級生に集まってもらって、内子座で同窓会をやりたいです。ただ公演を見るだけでなく、みんなで話し合ったり、内子座全部を使って。

宮岡廣行（67歳　旧五十崎町長／前内子町観光協会会長）

想い出の晴れ舞台

内子座との出会いは、小学校の授業で写生をした時で、たぶん他の授業でも奈落を見学したりとかあったと思います。でも、高校になって自分が舞台に立つなんて思ってもみませんでした。

一番の想い出は、やっぱり高校三年の時の最後の定期演奏会です。郷土芸能部は毎年内子座で定期演奏会をするんですけど、三年生が曲を決めたり構成を考えたりするので、自分たちが主役というか。始まる前はすごく緊張したけど、幕が開いてしまえばすごくいい雰囲気で演奏できて、最後にはみんな感極まって泣いてました。

今は大学で高知県香美市に住んでます。卒業したらたぶん県外で一度就職すると思うけど、いつかは内子に帰れたらなと思ってます。

高池優奈（18歳　大学生／元内子高校郷土芸能部）

幼い頃の思い出がよみがえる場所

内子座へ参りますと毎回「何と素晴らしい芝居小屋か」と、お客様より先に暫く見とれ、そのセンスの良さにうっとりと致します、伊予北条の実家近くにあった芝居小屋で浄瑠璃に魅せられた幼い頃の想い出がよみがえる、私にとってはそんな特別な場所です。

豊竹嶋大夫（人形浄瑠璃文楽太夫　人間国宝）

※年齢と肩書は、コメントをお寄せいただいた時点のものです。

目次

序章　町に内子座がある

幕が開く

見通しの良い、しかしいささかぶっきらぼうなコンクリートむき出しの高架駅に降り立つと、この地が山々に囲まれた盆地であることがよく分かる。愛媛県内子町。道後温泉で知られる松山から特急宇和海に乗って二五分ほど南へ下ったところにある小さな田舎町である。町にはそれほど高い建物はなく、その先に竹林や段々畑が連なる丘陵、さらにその先に高い山々が峰を連ねている。同じ公演目当てだろうか、一緒に電車を降りた和服姿の女性二人が、楽しそうにおしゃべりをしながら、階段を降りていく。

駅構内の観光案内所で受け取った地図を片手に、引退した機関車が飾られている広場を横切ると、道路沿いに色とりどりの幟が並んでいるのが見える。どうやら劇場までの道を示してくれているらしい。それを頼りに歩いていくと、いつの間にかどこか懐かしい感じのする商店街に入った。商店街といっても、アーケードなどはなく、ただ数軒おきに飲食店や酒屋、床屋、工務店などがぽつぽつと並んでいるといった具合だ。人通りは決して多くはないが、不思議と寂れているという印象も受けない。むしろここには昔ながらの穏やかな暮らしがあるのだと感じる。途中すれ違った元気な子供たちと「こんにちは」と挨拶を交わす。

しばらく商店街を歩くと、石畳で舗装された小さな広場があり、そこにいくつかのテントが立てられている。テントには「ようおいでたな」の文字。近づくと、地元の女性グループだろうか、おそろいのはっぴを着てお菓子やおにぎりなどを並べている。隣のテントからは炭の熾《おこ》るにおいが漂い、やがて恰幅のいい男性が網の上でソーセージを焼き始めた。ジュウジュウといい音を立てている。声をかけると、本場ドイツで数年間修行し、今は内子で地元の豚肉を使ってハムやソーセージを作っているとのこと。

開場までまだしばらく時間があるので、白壁の町並みで知られる八日市・護国地区あたりまで散策する。

このあたりは江戸から明治にかけて木蝋の生産によって栄えた面影を残す美しい町家や屋敷が建ち並ぶ。軒先のよく手入れされた鉢植えや、涼しげな音を響かせるガラス風鈴から今もここで人々の暮らしが営まれていることが分かる。建物それぞれに施された華やかな装飾を見つけながら歩くのもまた楽しい。心地よい風を感じながらまるでタイムスリップしたような風景を歩いていると、いつの間にかずいぶんと時間が過ぎていた。少しばかり急ぎ足で、さっき来た道を逆戻りする。途中、屋敷を改装した蕎麦屋の店先に今日の公演のポスターと「観劇の後にいかがですか」とのメッセージプレートを見つけた。

テントが並ぶ広場のあたりまで戻ると、その先の小さな路地からたくさんの人が集まっているざわめきが聴こえる。あそこが会場なのだろうか。誘われるように角を曲がると、突然目の前に大きな木造二階建ての劇場が姿を現した。正面は唐破風付きの屋根、よく見るとお稲荷さんがちょこんと鎮座している。さらに見上げればその奥に入母屋造りの太鼓櫓。夏の日に照らされた漆喰壁と瓦のコントラストが目に眩しい。まさに「威風堂々」という言葉がよく似合う。整理券を持った人たちが番号順に並び始め、その列はあっと言う間にテント前を過ぎて商店街までの列になった。皆、公演のチラシを見ながら、今日の演目やひいきの役者について話をしている。

「大変お待たせしました」の声とともに開場、ゆっくりと列が動きだす。上り框《かまち》で靴を脱ぐと、足の裏からひんやりとした、しかしやわらかい木のぬくもりを感じる。入り口でチケットを切ってもらうと、靴を入れたビニール袋と公演資料や半券で両手がふさがってしまった。地元の観客が、慌ただしく動くスタッフに「ご苦労様です」と優しく声をかけている。

場内に一歩足を踏み入れると、そこにはまさに別世界の劇場空間。まず目に飛び込んでくるのは舞台上に引かれた黒、萌葱《もえぎ》、柿の定式幕。その手前には木の枠で長方形に仕切られた枡席が並ぶ。上を見上げると、一階客席を取り巻くように配された二階席、右横書きで記された地元商店の広告看板、二段階に折り上げられた格子天井、そしてその中央に懐かしい風情のシャンデリア。一瞬タイムスリップしたかのような感覚、そしてわれに返り自分の席を探す。あった。隣りの席の客に会釈しながら席に付くと、舞台正面の「遊於藝(芸に遊ぶ)」と書かれた扁額に気づいた。

おおよそ客が入りきり、今か今かと開演を待ちわびていると、舞台袖から今日の主催者と思しき男性が現われて、マイクを握る。「みなさん、本日はお暑い中ご来場いただきありがとうございます」けっして饒舌とは言いがたく、しかし非常に熱のこもったその話しぶりから、彼が興行のプロではなく、一般の町民であることが分かる。挨拶に続き、演者と演目の紹介、この興行にかける想い、ちょっとした制作秘話なども披露され、客席からは時折温かい笑いがおこった。場内が不思議な親近感に包まれていく。

そしていよいよ、始まりを告げるお囃子が鳴り始める。観客の期待は最高潮に達し、そのタイミングを見計らったかのように三色の定式幕がゆっくりと開く。そしてその幕の隙間から、奥行きのある舞台と、その奥の大きな松の背景幕が姿を現した。

さあ、物語の始まりである。

町並み保存の町、内子

内子町は愛媛県のほぼ中央、南予《なんよ》地方の最北に位置する山間部の小さな町だ。総面積は三〇〇平方キロ、東西三〇キロ、南北一八キロ。中央部を南予地方一体を潤す肱川《ひじかわ》の支流、小田川が流れている。地形は、平坦部が少なく田畑と宅地を合わせても約八パーセント、ほとんどが山地および丘陵地である。人口は約一万七千人。二〇〇五年、「平成の大合併」によって旧内子町と五十崎《いかざき》町と小田《おだ》町の三つの町が合併し、新しい内子町になった。交通の面ではＪＲ予讃《よさん》線と松山自動車道が通り、県庁所在地である松山市の中心部から車で約四〇分、普通電車でもほぼ同じくらいで行くことができる。果樹の生産が盛んで、特にブドウ、柿、梨、栗などが有名である。

こんなふうに書くと、誰もが全国どこにでもあるような田舎町を想像するだろう。実際、内子町は一見するとそのようにも見える。しかしこの町には、どこにでもあるような田舎町とは決定的に一線を画する、全国的にも知られるある特徴的な風景がある。古い町家や屋敷が建ち並ぶ「町並み」である。

江戸時代から大正時代にかけての内子は、蝋燭《ろうそく》の原料である木蝋《もくろう》の大量生産の技術を確立し、全国有数の出荷量を誇る一大産地へと発展を遂げた。人々の暮らしは豊かになり、通りには風格のある商家や土蔵、豪商の邸宅が建ち並ぶまでになった。しかし電気やパラフィンの普及によって生産は急激に衰退、かつての繁栄の記憶を留める町並みだけが残されることとなった。一九七〇年代、この歴史的な町並みを積極的に保存し、まちづくりに活かそうという動きが起こった。いわゆる「町並み保存運動」である。これに呼応するかたちで行政が動き、一九八二年には八日市・護国地区が国の重要伝統的建造物群保存地区（略称、「重伝建」）に選定され、本格的に「木蝋と白壁のまちづくり」がスタートする。その結果、全国屈指の町並み保存の成功例として知られるようになり、全国から多くの観光客を招き寄せるようになった。

そんな町並みから少しばかり離れた、商店街から路地一本を入ったところに内子座はある。

生きた劇場としての内子座

内子座は二〇一六年に築一〇〇年を迎える芝居小屋である。木造二階建て瓦葺き入母屋造り、廻り舞台や花道、枡席などを備えた本格的な都市型劇場。古くは農閑期に歌舞伎や文楽、後に映画や落語などが盛んに上演された。一時は老朽化のため取り壊しが検討されたこともあったが、前述の町並み保存運動によってふたたび光を当てられ、三年にわたる復原工事によってほぼ創建当初の姿を取り戻した。

内子座の一〇〇年の歩みは、かいつまんで述べると以下の通りだ。一九一六年、大正天皇の即位を祝い、地元の有志ら一七名の発起人らが建設。以後、二〇年以上にわたって地域における〝娯楽の殿堂〟として機能する。太平洋戦争が始まると興業そのものが下火となり一時的に休眠状態になるが、終戦からしばらくすると営業を再開。高度経済成長期は時代に合わせて映画館としての色を強めていくが、芝居小屋そのものが次第に時代遅れとなり、一九六七年についに閉館。地元の商工会に売却され、部分的に改装、事務所として使用されるようになる。それでも舞台と客席は残り、ときおり演劇や映画上映、歌謡ショーなどの会場として使用された。一九八二年、商工会は建物の老朽化にともない取り壊しを検討。それを知った内子町が、新しい事務所を用意することを条件に、寄贈というかたちで譲り受ける。新たな所有者となった内子町はすぐさま有形文化財に指定し、県の予算を使って復原事業に着手。一九八五年に新生内子座として二度目の柿落《こけら》しが行われる。一九九三年、さらなる改修工事が行われ、劇場としての機能を強化した。

現在は、所有者である内子町によって管理・運営され、狂言や文楽などの伝統芸能、現代劇、ダンス、クラシックからポップスまで幅広いコンサート、講演会、さらには地元高校の弁論大会や地元で活動するグループの発表会まで、様々な目的で使われている。また同時に、八日市・護国地区と並ぶ内子町の重要な観光施設でもあり、観光客は入場料四〇〇円を払えば内部を見学することができる。

町並み保存の町に残る芝居小屋は、今もなお地域とそこで暮らす人々としっかり結びつきながら機能する、生きた劇場なのだ。

内子座を読み解く視点

かつて「芝居」とは歌舞伎を指すものであり、「芝居小屋」とは主に歌舞伎の興行のために建てられた日本特有の劇場である。その多くは江戸時代から大正時代に建てられ、最盛期には三千あったとも、その倍の六千あったとも言われる。しかし二〇一五年において現存する芝居小屋は、廃屋同然のものも含めて全国で三〇、そのうち現役の劇場として使用されているものはたった一〇座前後しかない。こうした現状にあって内子座は、歴史的文化財という観点からのみ捉えても十分に貴重であり、その価値については疑う余地はない。実際、内子座の建築は、一九一〇年代の地方では珍しい本格的な設計による擬洋風建築だ。伝統的な和風デザインを基調としながら正面性を強く意識した近代的建築であり、避雷針や軒先の電灯器具などは曲線を多用したモダンなもので、内部もガラスを多用し採光や換気にも配慮した「古くて新しい」劇場であった。

しかし、今なお生きた劇場である内子座の魅力は、決して過去に築き上げた繁栄の記憶だけではない。すでに触れたように、内子座は「町並み保存の町」にあって、まちづくりの文脈に深く、そして多層的に組み込まれている。例えば、内子座は多くの観光客が訪れる八日市・護国地区からは歩いて一〇分ほど離れているが、このことは結果的に認識としての「町並み」の範囲を拡大させることに一役買っている。町並みを歩いた後、町のメインストリートである商店街を経由し、最後に内子座を見学するという流れは、内子町の最もスタンダードな観光コースである。となると、もちろん経済的影響も少なくはなく、かつての賑わいを取り戻すべく奮闘する商店街に差す一筋の光となっている。つまり、内子座は町中心部のグランドデザインを描く上で要となる動線の一端というわけだ。一方、一般の町民にとっての内子座は、上質な芸能を堪能できる身近な劇場であり、また自身や家族・友人が日頃の文化活動などを発表する表現の場としても愛されている。一九八九年に内子町が町民対象に行ったアンケート調査では、他に大きく差をつけて「内子町民が最も誇りにするもの」に選ばれている。地域と文化を愛する町民の暮らしの象徴。本書巻頭に掲載した様々な声からも、そんなニュアンスが伝わってくる。実際、自らの興行や発表などで積極的に内子座を活用しようとする町民は、何かしらのかたちで内子町のまちづくりにも関わっている場合も多く、まさにまちづくりのよりどころとして機能していることが窺える。

本書について

このように多面的な意味と価値を持った「生きた劇場」が、誰によってつくられ、支えられ、そして何を生み出したのかを紐解き、検証することが本書の大きな目的である。そしてその先に、内子という一見どこにでもあるような田舎町が持つ得がたい個性、劇場を核としたまちづくりの可能性、芝居小屋という日本特有の劇場のあり方についての新たな視座も浮き上がらせたい。

具体的には、第一に、内子座一〇〇年の歩みを振り返る。一九九五年の内子座八〇周年の際に内子町が発行した記念誌『芝居小屋 内子座 八〇の年輪』を踏まえて、新史料を加え、新たな内子座史を打ち立てる。その際、建築学的な調査も十分に反映して、内子座という独特の劇場構造が、文化史的な側面とどのような結びつきを持っていたのか明らかにする。地域に根差し一〇〇年続く劇場の歴史は、日本劇場史に大きな貢献をするとともに、内子という町に新たな光を与えることになると考える。

第二に、日本の公共劇場の有り様に一石を投じることだ。日本に公共劇場があるのかないのか、またあるとすればそれはどのようなものなのか。この議論の大半が一九九〇年代以降の施設を対象にしたものであり、日本の劇場の実際の歩みの詳細な検討の上にあるものではない。後に述べるように、市民（この場合は行政単位の「市民」ではなくcitizen ＝公共的な住民の意味、以降本書では同様に使用する）が形成し、支え、維持し、時に閉鎖した一劇場の存在は、新たな公共劇場像を提示するだろう。

第三に、内子座の存在が、地域のまちづくりや産業、とりわけ観光産業にどのような影響を与えているのかを検証したい。内子座は、単に劇場であるのみならず、多くの見学者を集めており、入場料収入を得ている。また、内子町の観光のシンボルになっており、内子町全体のイメージを決定し、観光客をひきつける大きな要因ともなっている。それはすなわち地域の商業振興にも一役買っているということでもある。一方、内子座の文化財的な価値が上がるとともに、劇場としての内子座と観光施設としての内子座の整合性も課題となっている。伝統ある劇場が町にあることが地域が存立する礎になるのか、なるとすれば、どのような礎なのか、明らかにしていきたい。

具体的に本書の目次とも照らし合わせておこう。まず本文に先立ち、「劇場の記憶」と題してこれまで内子座に様々なかたちで関わった人々から印象深い出来事や記憶を拾い集めた。町民、役場担当者、出演者、公演関係者など、多くの人々によって支えられてきた劇場の有り様の一端を感じ取っていただきたい。

本文は、基本的に時間軸に沿って進む。第1章では、一九一六年の創建について、その時代的・地域的背景も含めて。第2章では、太平洋戦争から戦後の高度成長期において、時代に翻弄されつつも、なんとかその姿を保った低迷期について。そして第3章は、先行した町並み保存の潮流に乗って保存・復原され、一九八五年ついに華々しい復興を遂げた〝新生・内子座〟の幕開けについて記していく。また第4章からは、復興後の内子座を読み解く上で重要な三つの視点から、それぞれの分野の専門家の論考も交えながら検証していく（第4章「建築」、第5章「舞台」、第6章「まちづくり」）。そして終章では、一〇〇周年を目前に控えた内子座を取り巻く状況と問題点、今後の課題などについてまとめた。

さらに巻末には、これからの町と劇場の担い手となる三〇～四〇代の世代による「一〇〇年後の内子座」

をテーマとした座談会を掲載した。

内子町における町並み保存に関しては、一つの成功事例として、これまで様々なかたちで紹介され、また各分野の専門家たちがそれぞれの角度から言及し、書籍もいくつか出版されている。しかし内子座に関しては、全国的な知名度こそあれど、このように一冊の本として編まれたことは前述の『芝居小屋 内子座 八〇の年輪』以外にない。創建一〇〇周年を迎えるにあたって、その歩みについて今一度整理し、また地域再生が社会全体の大きな課題となった現在において、その意味や価値をあらためて位置づけ直すことができればさいわいである。

第1章　人と土地が生んだ芝居小屋

和紙と木蝋が育てた内子

内子は、江戸時代には大洲藩六万石の領地であった。もともと、松山と大洲を結ぶ大洲街道に位置し、江戸時代後半より、農家の副業として、和紙や櫨《はぜ》（木蝋の原材料）の生産が盛んであった。旧内子町域では最盛期に一四〇〇人が紙を漉いていたし、幕末には、内子の本芳我家《ほんはがけ》初代、芳我弥三右衛門《はがやざえもん》が当時画期的な伊予式蝋花箱晒法《ろうばなはこざらしほう》と呼ばれる独特の技術で高品質の晒蝋《さらしろう》を大量生産する技術を確立したことで全国に知られるようになった。和紙は大洲藩の庇護を受けて発達した。明治維新後も順調な発展を遂げ、蝋晒業者は一九世紀末に内子町域だけで二七軒を超え、和紙は大洲藩の専売が解けたあと一時粗製乱造して評判を落としたが、一八九〇年代に品質の向上を果たして往時の名声をとりもどした。木蝋も粗悪品がたくさん出回ったため、本芳我家三代目（弥三衛《やざえ》）が「旭鶴」という独自の商標を使って他社製品との差別化を図り、パリの博覧会では世界的評価を獲得。高品質の蝋は蝋燭などの材料として重用された。特に蝋燭は、電気が地方の一般家庭に普及する一九一〇年ころまで必需品であったので、その原料の生産地として内子は大いに繁栄した。最盛期には、箱晒法で使われる蝋蓋《ろうぶた》は、本芳我家で五万枚、上芳我家で二万五千枚であったと言われている。和紙生産に関しては、高品質を確保するために、一九〇八年、時の内子町長佐伯敬次郎らは大洲産紙改良同業組合を組織し、楮《こうぞ》や三椏《みつまた》の育成を奨励、技術革新をうながした。しかしながら、木蝋は、二〇世紀に入るころからランプやパラフィンの普及により急速に衰退し、和紙も、紙幣や新聞の用紙需要の増大をきっかけに、一九一〇年代に大量生産で安価な洋紙が全国的に普及し、和傘用を除いて衰退した。

代わって、一八九〇年代より、製糸産業が盛んになった。一八八〇年ころから、国の殖産興業政策の下、内子でも松山養蚕伝習所などで養蚕を学んだ農家が養蚕を始めた（各地に設立された養蚕技術訓練施設の一つ）。[※1] 一九二一年頃の中規模養蚕農家の収入は二千円近くになったという。これは当時の中堅サラリーマンの年収の三倍を超えている。一九二四年一〇月の『神戸新聞』には次のようにある。

内子の浅野製糸は七十釜、月平均千五百斤見当を製産するが、浮繰式で糸は最優二十円高である。内地向を主とし、輸出向の場合は共同荷受所へ出荷し、新糸以来二千斤見当を当地で売応じている。経営者浅野幸三氏は人望家で銀行の信用も厚く、内子銀行から前資金を仰いでいるが、財政状態も優良である。（句読点は筆者）

木蝋も生糸も戦前の重要な輸出品であり、内子生産の商品は、小田川から肱川《ひじ》を経由して現在の大洲市長浜港から海外へ送り出された。四国の山間の小さな町が世界と繋がるきっかけとなったのである。

当時、愛媛県の長距離交通は、主として船舶が担っていた。鉄道に関しては、明治時代には、松山市を取り巻いて私鉄の伊予鉄道があるに過ぎず、県内に国有鉄道は存在しなかった。一九一六年四月に、国鉄が愛媛県域に入り、ようやく川之江駅まで開通した。一方、明治末年に就航した大阪―別府航路は、大阪商船による新造の純旅客船「くれない丸」で運航され、他船に比し豪華な設備を持ち「瀬戸内海の女王」と言われた。[※2] この船が松山の外港である高浜港に寄港し、県内各港からの地方航路が接続した。内子は山間の地で、県庁所在地松山に出るのも苦労したが、瀬戸内海の海路により国内の大都市や外国に開かれていた。

先にも触れたとおり、木蝋生産の中心は芳我家、製糸業は浅野家を含む数家が中心となって担っていたが、両家は、こののち内子座の経営にも重要な役割を果たすことになる。

芸能を愛する人々

愛媛県、特に中予から南予にかけては、人形浄瑠璃の愛好者が多く、淡路島の人形浄瑠璃が定期的に巡業していた。例えば、今も大洲市肱川に残る大谷文楽は、一八五三年、淡路人形芝居吉田傳次郎一座（傳治郎とも。本書では「傳次郎」と記載する）が大谷村を巡業中、一部の座員が村に滞在し村芝居を始めたのが地元住民に伝播したものと言われている。松山市古三津《みつ》の伊予源之丞《げんのじょう》座の場合、享保年間、地元の三穂《みほ》神社の祭礼の際に淡路の人形芝居を呼んだのがきっかけで、一八六八年になって、三津浜《みつはま》の宝来屋新蔵《ほうらいやしんぞう》が一座を組織して、宝来座と命名してから次第に定着したという。一八八七年以降、大型頭の淡路人形を導入し、大正時代には愛媛県内の他の三座を吸収して、県内各地をはじめ、遠く九州、上海まで巡業していた。

内子も例外ではなく、明治初期に内子町の中土《なかつち》の地宝院《じほういん》には農閑期に人形浄瑠璃の巡業が来ており、「中土座」と呼ばれていたという。従来の文献では徳島の人形座だとされてきたが、愛媛に来演していたのは淡路島の人形座（江戸時代、淡路島は阿波藩で歴代藩主蜂須賀《はちすか》氏の庇護を受けて発展した）であることから、淡路島の人形座である可能性が高い。小田川の上流、旧小田町域では一八九〇年代から芝居田とよばれる特定の場所三か所に小屋掛けをして人形浄瑠璃（おそらくは淡路の人形浄瑠璃）が巡業したという。時には二〇名を超える大所帯の興行になり、枡席も設けたと伝えられている。浄瑠璃を語る者が増え、時には地元の人が浄瑠璃を語り、巡業してきたプロが人形を操ることもあった。こうした愛好者の存在が一九一六年内子座柿落し公演の吉田傳次郎座に繋がったと考えられる。

内子座には「内子文楽」と大書された幕が掲げられているが、これは一九九五年から始まった国立文楽劇場の内子座公演のものではなく、ともに内子座の株主であった森伝三郎と浅野幸三らが中心となって一九二〇

内子座竣工時に行われた餅撒き。周囲に高い建物がなく、見通しのいい中に建てられたことが分かる。

年代に組織した劇団であった。ヒアリングによれば森伝三郎自身が浄瑠璃を語ったとのこと。小田川の知清《ちせい》河原に仮設の小屋掛けをしたほか、素浄瑠璃（人形なしの語りのみ）の舞台を中芳我家に設けるなど、そこここで三味線と浄瑠璃が聞かれたという。戦後も、大谷文楽が一九六二年頃に内子で公演を行った際は内子の人が浄瑠璃を語ったそうである。人形と人形の衣装、床本《ゆかほん》（詞章本）を残していた家もあった。

こうした、芸能を愛し自ら演じる人々の存在が、内子座の建設と維持に大きな力となったのである。

「大典紀念株式会社内子座」の成立

内子座は一九一六年二月二日に開場した。まわりは一面の桑畑であったから、太鼓楼は遠くから見えた。旭館(内子町に現存する活動写真館)に残された史料によれば、一九〇四年ころには内子の上町(八日市、現在の旭館のある場所、ちなみに現存する旭館は一九二六年建設)に、「仮興行小屋」があったという。愛媛県の県庁所在地である松山には一八八七年に新栄座という大劇場が建設され、県内の劇場が増えていた時期であった。一九一〇年代から全国の地域の劇場が急増することから考えると、内子座設立の欲求は自然なものであったと言えよう。

大都市部の上演傾向はどうであったのか。大阪では一九〇一年から一九一一年にかけて、先の一〇年間に増して、劇場公演の日数が爆発的に増えた。全体で五千日以上の増加であり、劇場も二〇座となった。うち歌舞伎公演の増加はわずかに五〇〇〇日余にとどまり、全体に占める割合は一〇年前には半分を超えていたものが、三分の一以下となった。これに対して、喜劇や俄《にわか》劇を中心とした娯楽劇が一六〇〇〇日余、新派・新劇が三〇〇〇日余、演芸が五〇〇〇日弱、映画が八〇〇〇日弱、邦楽が二五〇〇日弱、それぞれ増加した。(※3)

これは、一〇年前にすでに表れていた傾向、すなわち新しい舞台芸能享受者層が急増・定着したことを示していた。都市の「俸給生活者」の広範な登場にともない、舞台芸能が、特定の知識人の独占物ではなくなり、多様な趣味・嗜好に応えなくてはならなくなったのである。いわば、大衆文化状況の現出でもあった。こうした時代状況の中で、地域の芝居小屋はつぎつぎと誕生していったのであった。

一方、一九二一年度には、八五七日と一〇年前の三分の一以下にまで歌舞伎公演が減っている一方で、その他の芝居がのべ五千日を超えるという増加ぶりを示していた。その芝居全体ですら、新聞で、民衆娯楽の調査を行った結果「演劇は、収入に於いて全興行物の約半分を占め、活動写真に亜《つ》ぎ、他は問題にならぬ程尠《すく》ない。が、入場入員の方では活動写真が全体の五割五分、演劇は其半にも達しない。此傾向は、活動写真の観客増加し、演劇の観客の減少を示している」（『大阪朝日新聞』一九二一年四月一〇日）と演劇観客の減少が指摘されていたのとは対照的であった。

愛媛県内では、第二次世界大戦前に成立したと考えられる常設の芝居小屋一一一座（廃絶も含む）のうち一九一〇年以後に建設されたものが七九座を占めている。[※4] 隣の香川県が一九二一年に実施した民間娯楽調査によれば、常設は一三座あり、総定員は一万三九九人、非常設のものまで含めると三七座・総定員二万七〇九六人におよんでいた。[※5] また、熊本県の山鹿《やまが》では、芝居小屋、八千代座に関して、数次の評議会・設立委員会を経て、一九〇〇年に一三四人の出席を得て八千代座組合創立総会が開かれ、建設が議決され、一九一〇年に竣工、一九一一年正月に開場している。

内子座ではどうであったのか。一九一五年七月の「内子座創立に関する事項報告書」によれば、七月四日に中田鹿太郎ほか一六名の発起人が創立総会を開催し、「大典紀念株式会社内子座」が設立された。「大典」とは大正天皇の即位礼を指す。劇場が大衆化した一九一〇年代においても、劇場は火事と伝染病にさらされる悪所との意識が払拭されておらず、また俳優に対しても、良家の子女がなるものではなく、依然として「河原乞食」という蔑称がリアリティを持っている中で、「大典」を持ち出した所以はどこにあるのか。名称決定の過程に関しては「本年十一月に御挙行の御大典を永々に記念せんとするもの及内子町の公益事業の一として是も其事業を代表する名称なればなり」としか記されていないので推測になるが、「悪所」ではない劇場としての内子座の形成を望むとともに、幅広い株主の賛同を得るために、「大典」に託したのではなかろうか。これは後述する紀念学堂の形成と関わって、重要な意味を持つ。

なお、従来、一九二〇年に「大典」がはずれて「株式会社内子座」に名称変更したとされてきたが、一九一八年一一月二一日の株式の「名義書換請求書」には「株式会社内子座御中」とあり、その後の文書の多くが「株式会社内子座」と記述されていることから、内子座開場三年を経ずして会社名の変更が行われたと考えられる。その経緯などについては今後の資料の発掘を待つ必要がある。

経営形態は、最初から、当時の商法にのっとった株式会社での運営を志しており、当初、建設費五千円を見積り、一株二〇円二五〇株を見込んでいた。結局、他劇場対策費用（後述）などを見込んで資本金総額七四〇〇円、三七〇株となった。

発起人の一七名の家業は、以下の通りである。[※6]

・中田鹿太郎　信用組合（所在地：六日市、一九〇九年時点、以下同様）
・浅野幸三　製糸工場（六日市、一九一四年）
・芳我弥左衛門　油芳我・仕舞屋（本町、一九二一年）
・菊坂松枝　酒造（六日市、一九〇九年）
・鎌田峰太郎　古道具（六日市、一九〇九年）
・渦岡萬平　確定ならず。林業関係か。
・大西常治　呉服店
・井上虎太郎　薬局（本町、一九二一年）

・前田幾三郎　履物店
・安川喜十郎　小間物屋（六日市、一九〇九年）
・曾根庄七　置屋（六日市、一九〇九年）
・福岡藤作　金物・セメント・硝子板
・田野幾三郎　金物（六日市、一九〇九年）
・三井宗正　記載なし。不明。
・大川金太郎　ロクロ屋・質屋（八日市、一九〇九年）
・満野和一郎　呉服（六日市、一九〇九年）
・宮岡與一　魚屋・料理屋（本町、一九二一年）

いずれも、当時の内子町の基幹産業である製糸業、商業の中核をなすメンバーであった。

では、どのような組織で運営されていたのか。株式会社は社長、取締役、監査役それに株主という組織構成であった。残されている株主名簿によれば、設立発起人を含む株主は約二〇〇名であり、大半の株主は一株を所有していた。取締役七名は五株、監査役五名は三株以上を持つことが義務づけられていた。当時の内子町本町地区の正確な人口・戸数は判然としないが、おおむね八〇〇戸程度と考えれば、四戸に一戸が株主であったことになる。

魁座との紛議

内子座は、設立と同時に、劇場の時代・一九一〇年代を象徴する問題に直面することになる。魁《さきがけ》座との対立である。

新聞記事によれば、先にも述べた「仮興行小屋」は、内子座設立が構想されていた一九一五年四月に、新たに「魁座」として定席を持つ本格的な劇場となったと伝えられている（『中豫新聞』一九一七年一二月一日）。どのくらいの規模であったのか不明であるが、当初より、小さな町に二つの「定席」（常設劇場）を経営していくのは困難である、との認識があった。実際、「絶えず興行戦行われ」「大興行をなせしが毎興行殆ど損失を免れず」という状況に至ったという。内子座の一九一七年九月二五日の株式会社臨時総会では、「魁座と内子座を合併し何れかの一方を他所へ移転する事とし経済を一つとして経営する事及旧債償還方法に付ては移転地よりの持株により賠償を受くるか又別に当座に於て頼母子或は増資方法に依るかの協議せしに、遂に増資に決し、上下（魁座と内子座のこと）合併抽籤移転を廃し独立して始末を付る事に決めたり」「尚ほ涙金に依上定席か他に売却することとならば、五百円位は犠牲となるも差支なき事に決定せり」ということになった（この場合の「頼母子」とは、共同定額出資を指していると思われる）。一〇月二七日の取締役会では、「涙金」は現金五〇〇円に加えて株券五〇〇円の計一千円として大洲の中村氏（大正館）に建物・附属品を売却し、跡地には、「仮定席と雖も建築せざる事並に上下円満を維持する」（「上下」とは上町、下町のこと、下町は内子座のある六日市地区）に決したという。

一方、「覚書」という別の史料も存在している。ここでは、魁座払込済み出資金三千円と内子座払込済み出資金五千円を合併して総株金八千円の会社に組織変更すること、その上で魁座を四五〇〇円以上で売却すること、売却代金で魁座負債二五〇〇円と内子座負債一千円を償却し、残金一千円で魁座跡地に繭売買所を建設すること、これが九月末日までに果たされなかった場合は調停不調とみなし、それぞれが自由にしてよいことなどが取り決められていた。それぞれの仲裁人が違うものの、どちらも主要株主の押印がなされているので、結局、その後の内子座の増資が配当七パーセントの優先株二四〇〇円で計七四〇〇円の資産となっているので、前者の案が採択されたものと思われる。

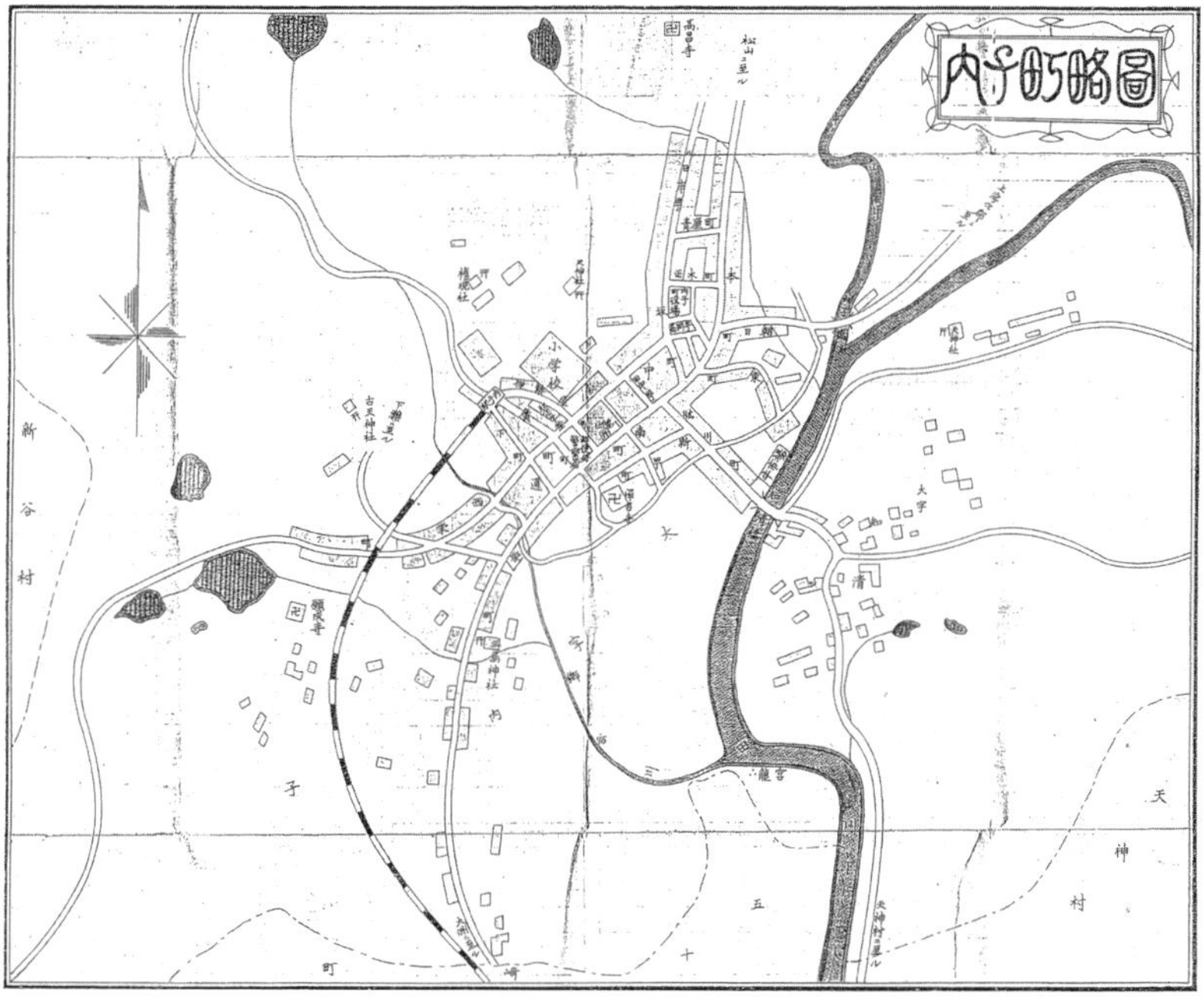

1930年頃の内子町略図。「愛媛縣内子町勢一班・昭和6年」より。

もっとも、その九年後、一九二六年には魁座跡地に、舞台があり劇場機能を持った映画館・旭館が設立されるなど、内子座は常にその存立基盤を揺るがされていた。

紀念学堂の建設

内子座は地域の「娯楽の殿堂」として多くの人々に支えられて成立した。では、内子町の文化的な基盤はどのようなものであったのか。紀念学堂を例に考えてみよう。

内子座と同時期に設立された内子町紀念学堂は、日露戦勝、明治天皇の御聖徳紀念、大正天皇の大典紀念という名目で計画された(『芝居小屋 内子座 八〇の年輪』、内子町町並保存対策課、一九九五年)。内子座が完全に民間出資で建設されたのに対し、紀念学堂は内子尋常高等小学校の附属施設として内子町によって建設された。紀念学堂の持つ機能としては、「通俗図書館」「新聞雑誌縦覧所」「青年集会所」「公衆の会堂」があり、「青年の指導訓育の場所」および「町民訓育の場」にすることとなった。日本における図書館は、近代国家の体裁を整える目的と国民の思想善導を目的としてスタートしたと言われている。しかし、二〇世紀に入るころには就学率が九〇パーセントを超え、義務教育後の教養教育への要望が強くなるとともに、多様な思想に触れる地域の人々も増えた。中等教育学校が整備されていない内子町のような地域においては、自律的な図書館の要求が根強くあったものと思われる。新聞雑誌縦覧所や集会施設と相まって、内子町紀念学堂は、地域の知の殿堂の役割を果たしたのである。こうした動きを反映してか、全国的には、一八九九年に図書館令が公布され、図書館を設ける大学や府県も増えた。一九一七年には全国図書館大会が、「道府県立図書館」設置の建議書を地方長官あてに提出している。

実は、日露戦勝や大典紀念などの名目で、今でいう社会教育施設や公園などを設立することは全国で行われた。日露戦争戦勝時には、徳島市の徳島公園、小松市の芦城《ろじょう》公園、網走市の私立網走図書館などの施設が整備され、弘前市では桜二千本が植樹されて現在も名所となっている。その後、一九一五年の大正天皇即位時に「大典紀念」として、長崎県立図書館（一九一五年）、早稲田大学図書館（計画は一九一五年、完成は一九二五年）を代表として、札幌の豊水小学校「大典紀念文庫」（図書室、一九一七年）に至るまで多くの図書館および類似施設が建設された。

内子町紀念学堂の建設は、こうした流れに沿った、地域における社会教育施設の整備であったと言えるが、ユニークなのは、先にも述べたとおり、従来悪所とされてきた劇場も大典紀念として建設が計画されたこと、行政が内子町紀念学堂、町民が内子座という、いわば役割分担を行っている一方で、内子町紀念学堂も町の有力者である芳我弥三衛が二千円の寄付をするなど、地域の経済力で成立している点である。国家主導で成立した図書館と民間の悪所であった芝居小屋という両極の施設が、ともに地域で一定の公共性を獲得していく過程でもあった。現在、内子町紀念学堂が現存しないのは残念であるが、内子座ともどもその設立の経緯から、両施設が一九一〇年代という特異な時代の申し子であることを証明している。

なお、内子座開場の頃の内子町では、新しいまちづくりが胎動していた。開場の年に愛媛鉄道の建設が始まり、内子・大洲間の整備が進められた。内子座は一九二〇年に開設された内子駅から南側数十メートルの至近に位置し、交通の便の良い駅前劇場となった。すでに開通していた路線と合わせて長浜まで鉄道が開通し、大型汽船による瀬戸内海航路と接続した。内子駅には、遠く高知県山間部からのものも含む建築材や坑木《こうぼく》（炭鉱で使用される松材）、農家で生産される木炭や大久喜《おおくき》鉱山の銅鉱石などが集積し、駅周辺には事業所が立ち並び、駅前には多くの荷馬車が行き交った。当時の内子駅は「材木駅」と呼ばれるほどだったという。

内子座は、こうした賑わいの中心にそびえていたのである。

運営の組織

内子座は実際にどのような組織で運営されたのか（内子座の経営に関しては、前掲『芝居小屋 内子座 八〇の年輪』および内子町収蔵の「内子座関係史料」を参照）。

現在の内子座の木戸をくぐって劇場内部に足を踏み入れ見上げると、ひときわ目を引くのが、二階席両サイドに掲げられた広告看板である。上手手前から、田野商店（よろず金物、私設水道等）、大西屋呉服店、前田幾次郎店（履物）、福岡商店（金物セメント硝子板）、下手手前から、鎌田自転車商店、鎌田峰太郎店（古着古道具質屋）、浅野製糸場、安川喜十郎商店（よろず荒物小間物学校用品硝子板）。大西屋呉服店のように一〇〇年を超える老舗や今も商店街で営業を続けている店もある。当時、現在の軽自動車なみに高価であった自転車や、ようやく普及し始めたガラス板、一般の建造物にも使用され始めたセメント、それに愛媛県南予地方の基幹産業の一つであった養蚕を背景とした製糸など、先にも述べたように、内子座開場当時の町の社会と産業を象徴する企業の広告である。こうした企業の経営者たちには、もう一つの重要な役割があった。

「株式会社」として成立した内子座は、株主の出資により運営されていた。会社の定款によれば、一株二〇円は大企業サラリーマンの初任給で換算すると今の五万～六万円くらいだと考えられる。この株主の中心的な存在が、広告看板の主であった。八つの広告看板の経営者八人のうち七人は株式会社発起人であり、浅野が一五株、鎌田、大西が一〇株、前田が五株、安川が四株、福岡、田野が三株を持っていた。全体の七分の一弱の株式を保有していたことになる。

株式会社の株には、もう一つ、「興行株」（史料によっては「興業株」）と呼ばれるものがあった。内子座で興行を打つことができる権利であり、興行株主は実質的に上演演目のマネージメントを担った。額は同じく二〇円で二〇株の募集であった。この七人は、すべて興行株も持ち、なおかつ九人の世話人のほとんどを占めた。彼らは「内子座興業組合」（一部の史料は「内子座興行組合」、本稿では史料に依拠しない部分に関しては「興行」と記す）を結成し、興行を取り仕切った。「内子座興業組合契約証」によれば、組合員は一八人、それぞれ一株を持っていたので二〇株にはわずかにとどかなかった。この組合の目的は「演劇、落語、浪花節、活動写真等を買入、興業を為す」ことで、共同事業組合の形態をとり、一定の合議によって運営された。すなわち、地域の企業商店の経営者たちが自ら劇場の経営の中核を担い、積極的に興行を打って多くの入場料を得られれば、それだけ劇場の収入が増え、幅広い株主＝劇場を楽しむ町民の利益になる、という道筋ができたのである。なお史料中にしばしば「支配人」「専務」として登場する中田鹿太郎は、「興業株」を所有しており、発起人、取締役の一人でもあった。しかし、株式会社・「興業組合」ともに代表ではないことから、日常的な内子座の運営をつかさどる専従の劇場支配人の役割を負っていたものと思われる。

株式会社形式での運営は、現存する熊本県山鹿市の八千代座をはじめとして広く行われており、全国で数千におよぶ芝居小屋の経営が地域住民によって可能になる背景でもあった。

八千代座の場合、一九一四年度から一九一九年度の六年間においては、使用総日数は七七五日であったが、うち歌舞伎は全部で三一日しか上演されていない。これに対して、年間使用日数は一二五日→一三二日→一四五日→一八〇日→一八五日→一九四日と順調に増加していた。では増加分は何によって占められていたのか。それは、演芸、浪曲、映画であった。特に演芸は一九一九年度においては一二三日におよび、六割以上となっていた。また、映画は一九一七年度から一九一九年度にかけて三〇件前後と八千代座に定着していたといってよい。また、温泉祭、灯篭祭の興行も定期的に行われるようになった。(※7)なお、第一次世界大戦の好景気を反映してか、この間、席料・純利益ともに増加を続け、一九一九年度の席料収入は七二九二円にのぼり、純利益金も過去最高の五四九五円となった。実に収入の七〇パーセント以上が利益金であった。こうした経営は、程度の差はあれ、当時の地域の劇場に共通していたが、内子座がユニークな点は、興行に関しても、町民主導で計画・実施された点にあった。

では内子座はどのような経営を行っていたのか。

内子座は株式会社形式で運営されたといっても、株式の総額は五千円（直後の増資で七四〇〇円）と極めて少額であり、それはほぼ、内子座建築とそれにまつわる資金に集中的に投資されていた。

内子座設立二年後の貸借対照表によれば、貸方七六〇四円のうち、損金、繰越損失、預け金を除いた六一〇三円のうち建物が五九八〇円を占めており、一方「借方」のほとんど七六〇〇円が旧株金と優先株金となっている。株の売買は広く公開されていたわけではなく、内子座とそれに関わる喜多郡内の人が大半であった。いわば、内子座建設の資金を関心のある町民から集め、それをもとに劇場を建設運営していたと言えよう。

株主は、一九三〇年代まで二〇〇名前後で推移しており、当初の一年の配当は三パーセント、すなわち一株当たり六〇銭であった。この配当は少しずつ減少し、残存している史料から判明している限りでは世界大恐慌の年である一九二九年〜一九三三年は二パーセント、一九三四年度からは一パーセント、一九三五年度からは無配当となっている。内子座の経営が必ずしも順調ではなかったことを表している。「半株」と記された株券もあるが、株主配当関係資料には一株以上の株主しか記載されておらず、これで株式総額と一致しているところから、一株購入が困難な株主のために、便宜上株を分割し他人の所有を認めたものと考えられる。

こうした「株式会社」の経営者はどのように選ばれていたのか。理事会および幹事役の選挙の投票用紙と会社取締役の当選通知が残されており、株主間の一定の民主主義とでも言うべきシステムが機能していた。株主総会史料によれば、選挙はしばしば接戦となっていた。

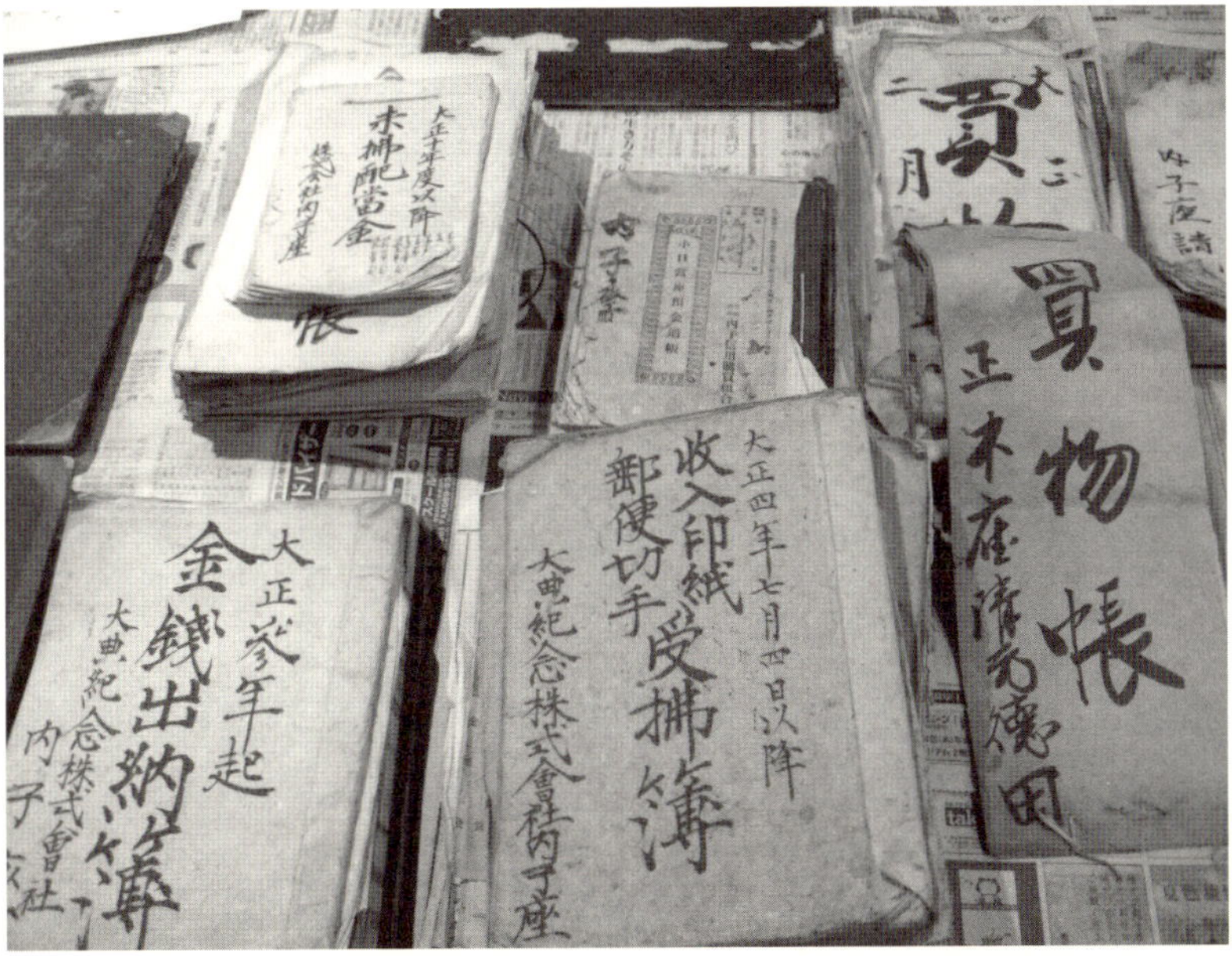

内子座に残る各種史料。多くは経営・運営に関するもので、公演記録などは少ない。

柿落し・席割り・入場券

劇場としての内子座運営の実相を最もよく知りうる史料は「株式会社内子座劇場賃貸借心得書」(以下「心得書」とする)である。株主の入場に関しては、最低入場料ないしは三割引で株主席(原則として上手桟敷席)、役員は無料であった。なお、櫓下(本来の意味ではなく、内子座と敷地を共有している家)の七軒は一軒につき一人無料と決められていた。

柿落しは歌舞伎ではなく、淡路島の吉田傳次郎一座の人形浄瑠璃であった。これには、先にも述べたとおり、もともと内子で人形浄瑠璃(内子では「でこ芝居」)の人気が高かったことが背景にあった。明治維新後、上村源之丞や市村六之丞など淡路島を代表する人形浄瑠璃が愛媛に巡業に訪れ、内子にも立ち寄っていたと伝えられている。柿落し興行についての契約書によれば、内子座の興行主が吉田傳次郎一座に一一日間の興行で総額三二〇円支払うことになっていたが、実際に残っている領収書の総計は二八〇円であった。興行日数減などがあったのかどうかは定かでない。契約書では、中止、荒天、座方の病気、道具の運搬、外題の内容に至るまで、詳細な内容の契約が示されている。二年後、松山を中心に活動していた上村六之丞座公演の際は、八日間で総額一五〇円の契約が交わされているが、劇中に使用される様々な小道具やタバコ代金の契約がなされていることから、この公演においても細やかな契約に基づいた興行が実施されていたことが見て取れる。上村六之丞座について細かいことは分からないが、大正時代に同じ松山の宝来座(現在の伊予源之丞座)に吸収されたと伝えられるので、その直前のことであったと思われる。

先にふれた「心得書」によれば、株主席は、通常は舞台に向かって右側、花道が見やすい一段高くなった桟敷席であったが、人形浄瑠璃の際は、反対側すなわち花道の左側に定められていた。当時、人形浄瑠璃は人形よりも舞台上手で演じられる三味線・浄瑠璃を鑑賞するのを主とする考え方があり、その正面となる花道の左側を株主席としていたことは、当時の内子座運営メンバーが、芸能に十分通じているとともに、それを自ら一番良い場所で楽しむ習慣があったと考えられる。人形浄瑠璃の公演は、その後も続き、株主総会記録には、大正一四年二月六日人形芝居文楽一座の興行に株主招待券を贈ったけれども、一一日間の興行予定が「二月十四日文楽座三日間興行を廃めたるに因り之を弥縫する為め市村六之丞の人形芝居に株主招待券を贈」ったとの記述がある（「弥縫《びほう》」とは、とりつくろうこと）。市村六之丞座は淡路系三人遣の人形芝居で、文楽座と人気を二分していた。

いま少し、興行の実態に迫ってみよう。

内子座のチケットの売り方には判然としないことが多いが、いくつかの枡席の配分表が残されている。その一つ、前狂言「丸橋忠弥」中狂言「伽羅先代萩」切狂言「岩佐又兵衛」三日目の場合を見てみよう。「丸橋忠也」は「慶安太平記」のことで、「岩佐又兵衛」は江戸時代初期の画家であるが、彼をモデルにしたと言われる「傾城反魂香」のことであると思われる。「伽羅先代萩」ともども人気の外題《げだい》であった。株主席を除いたいわゆる枡席の最前列一列と最後列一列を除いた、すべての枡席は一枡単位で名前が記入されている。この興行の開催年月が分からないが、字体などから一九一〇～二〇年代であるとすると、一九二六年度の株主名簿から、ほとんどが、株主によって占められていたことが分かる。すなわち、大きな興行においては、株主席のみならず、かなりの割合で、株主＝観客であったと言える。

内子座での株主に対する枡売は、古い形態の残存という側面もあるが、一方で、内子という地域でのチケット販売の特質が背景にあったのではないか。すなわち、株主が、自ら金銭的負担をして自ら興行を楽しむか、その席を有償無償で知己に譲るのが通常であったと考えられるのである。

また、史料から、興行実施時は、「興行届」を警察署に提出していたことも分かる。一九一六年三月一八日

〜二〇日の「活動写真」興行では、記入項目は「興行主」「興行の場所」「興行の種類」「遊芸人の氏名」「興行の日時」「芸題」「木戸銭」で内子警察分署長あてに出されていた。

「娯楽の殿堂」から映画の優位へ

柿落しが人形浄瑠璃であったことはすでに指摘したが、その後の演目もいわゆる歌舞伎興行は少なく、映画、軽演劇、浪花節、演芸、講演会などが多い「娯楽の殿堂」そのものの公演内容であった。

創建当初の一九一六年から一九二一年の興行記録がないので開場当時の演目詳細が分からないが、一九二五年ころから喜劇や家庭劇などの小規模の演劇（＝軽演劇）が急速に減少し、その分映画上映が増えたことは注目に値する。

一九一〇〜二〇年代に、映画は、若者に人気があり、芝居小屋においてもしばしば上映された。しかし、決して「健全な」娯楽として認められていたものではなかった。当時、民衆娯楽に関して最も多くの発言をしている権田保之助は、著書『民衆娯楽論』（一九二一年）と『民衆娯楽の基調』（一九二二年）の中で、児童が映画を見て、強い影響を受けていたことを指摘した上で、映画をはじめとする都市の民衆娯楽が興行的性格を帯び、営利主義化していることを危惧していた。

こうした状況を看過できなくなった文部省は、一九二〇年代に映画の全国的調査に乗り出す。その一つが文部省普通学務局による『全国に於ける活動写真状況調査』（一九二一年）である。この『調査』は「今後益々旺盛になり行く活動写真に対する教育上の取扱に就て多少の参考に資せん」（「凡例」）とする意図を持ってなされたのであった。当時、映画専門館は、多少の地域的ばらつきはあるものの、都市部を中心にまんべんなく存在しており、一九二〇年代の映画が国民的な娯楽となっていた。こうした映画が学校教育・社会教

内子座で行われた蓄音機の宣伝会。レコードに合わせて南国風の衣装をまとった女性たちが、ダンスを披露している。

内子座の使用日数（「内子座株主総会記録」より作成）

年度	活動写真	新派劇	軽演劇	歌舞伎	浪花節	人形芝居	演芸等	集会他	計
1922	23	6	56	7	11	11	2	14	130
1923	45	39	42	33		2	2	10	173
1924	22	16	39	12		11	3	15	118
1925	44	10	21	10	12	6	4	11	118
1926	49	6	12	11	10	5		18	111
1927	55	19	4	7	11	6	3	16	121

育に対して、有害か有益か、に関しては、「寧《むし》ろ有害」とする府県が三一あるのに対し「寧ろ有益」とする府県は皆無であった。有害の理由は、先の検閲内容に関わる点に加えて「人格低劣なる説明者の野卑なる言動を模倣す」「深更に及ぶを以て睡眠不足を来し心身を疲労せしむ」「非衛生的」「男女接近の機会」「不良の徒と交際する機会」などが挙げられている。こうした現状にも関わらず、『調査』においては「今後は自然の要求からして改善は着々と行われ、其の結果益々活動写真の利益ある方面は台頭し発展して行くであらうし、又大に希望される所である」と、その教育効果を期待せざるをえないところまで映画の浸透は進んでいた。いずれにせよ、この時期の文部省学務局においては、映画は「有害」なものと認識されていた。

その一方で、一〇年後に文部省社会教育局が行った『全国農村娯楽状況』（一九三一年）では、若干ニュアンスが異なっている。前文で、現況の多様な農村娯楽の状況を指摘した上で、従来農村で圧倒的位置を占めていた「郷土娯楽」(現在の伝統芸能にあたると思われる)が、「今や一般に衰頽の途を辿りつゝある事実は、各地に於て郷土娯楽の保存振興が計られつゝあることによって」推察されるとする。それに代わるのが「近代的な都市娯楽」、中でも「巡回活動写真」であり、「官庁に於ける諸種の巡回映画が益々組織化され」「山間僻地も都市と同様、溌溂たる近代娯楽に接することを得るに至り、その効果は教化の上から見ても亦著しいものがある」とも述べる。ここでは、農村の〝近代化〟において、娯楽、中でも官製映画が果たす役割が積極的に肯定されているのである。

この違いは、何に起因するのか。それは第一に、一〇年近い年月のあいだに、映画を積極的に社会政策に利用しようとする考えが定着し啓蒙的官製映画が増えたことがある。例えば、一九二五年、「活動フィルム検閲規則施行細則」が布達され、映画全体に対して検閲の網がかぶせられた一方、一九二七年には、第一回児童愛護週間の運動の中で、講演会・座談会と並んで、映写会が重要な手段となるなど、映画は、教育・啓蒙の手段として、文部省によって位置付けられていったのである。

第二に、拡大しつつあった都市と農村の情報量の格差解消があった。いわゆる大正デモクラシーと言われる状況は、映画・演劇・音楽・出版など、きわめて都市的な文化によって支えられていた。この都市的文化の爛熟は、結果として、都市と農村の文化的情報量の差となって表れた。この格差解消の手立てとして、映画活用が構想されたのであった。大衆文化状況の中で、農村のすみずみにいたるまで、娯楽のエッセンス（それはあくまでも「寧ろ有害」な部分を取りのぞいた形であるが）が行き渡ることが、国民統合に求められたのである。

ことほど左様に、一九二〇年代後半の映画の上映の増加は、小さな町の芝居小屋にとって必然であったと言える。しかし、映画の増加は、単に演目の変化にとどまらない影響を劇場に与えた。舞台芸術という手間のかかる興行から、施設さえ整えば簡単に実施できる映画興行へと転換することにより、舞台芸術興行のノウハウが失われていったのである。一九二〇年に、松竹キネマが設立されてから、映画配給の一元化が徐々に進んだことで、それに拍車がかかった。また、廻り舞台や迫《せり》（舞台上の昇降装置）などの特殊な舞台機構を持たず、簡素で映画上映に特化した構造を持つ映画専門館が登場し、芝居小屋の経営は危うくなっていった。内子座の場合も先にも述べた旭館の登場がそれにあたる。

他劇場との交流

内子座に残された大量の史料の中で目を引くのは、他の劇場や興行主からの葉書や手紙である。その大半は、東京、松山、八幡浜、新居浜などからの演劇や活動写真の興行の売り込みであるが、ユニークなのは郡中（現在の愛媛県伊予市）寿楽座の開場告知であった。

寿楽座が一九一九年二月一一日に開場するので正午までに来場してほしい、という内容の二月五日付けの封書であり、一等優待券が同封されていた。そこに記されている柿落し公演は嵐璃寛《あらしりかん》・尾上多見蔵《おのえたみぞう》一座であった。ちなみに、嵐璃寛は関西の歌舞伎役者であり、五代目で途絶えているが、五代目は一九二〇年に亡くなっているので寿楽座まで出向いたかどうか、不確かである。一方、三代で終わった尾上多見蔵は一九二七年一月に死去、最後の舞台が一九二五年五月であったから、本人が舞台に上がった可能性はある。二代目尾上多見蔵は、一八八〇年ごろ松山の東栄座という劇場の柿落しで石川五右衛門を演じたと伝えられている。もっとも、名のある役者を名乗った偽物が巡業していることもしばしばであったから、確かめるすべはない。寿楽座は内子座よりも一回り大きな芝居小屋で、郡中の中心部に位置し、一九二〇年代には多くの観客を集めたというが、一九六三年に閉場、その後取り壊された。先にも述べたように、愛媛県内には一〇〇を超える劇場があったと考えられるが、内子座は、こうした劇場の象徴的な存在であった。近隣の劇場とはライバルであり、興行を連携する仲間でもあった。

※1　加藤伸行「明治中期西日本地域における養蚕伝習所の活動と養蚕技術」『歴史と経済』56、二〇一三年。
※2　『愛媛県史 近代下』「交通・運輸の発達」、愛媛県、一九八八年。
※3　徳永高志『芝居小屋の二〇世紀』、雄山閣、一九九九年。
※4　『愛媛県史 芸術・文化財』「聞き書き 芝居小屋（劇場）一覧」、愛媛県、一九八六年。
※5　『香川県史』第一二巻資料編「大正十年六月調・民衆娯楽調査」、香川県、一九八八年。
※6　後藤茂七『旧内子町家名鑑』（一九八九年）、『内子町産業経済誌』（一九九二年）より作成。三井宗正、福岡藤作、前田幾三郎に関しては記載なし。前田・福岡両氏は内子座内の看板より。また渦岡萬平氏はフルネームでの記載がなく、確定できない。
※7　徳永高志『芝居小屋の二〇世紀』、雄山閣、一九九九年。

第2章　変遷と衰退

映画から衰退へ

ヒアリングによれば、一九三〇年前後には、内子座や旭館はもとより、現内子町域には五十崎に五十崎座と天神座、小田に金壺座、新栄座、朝日座ほか簡素な舞台が三施設、他に大瀬に成留屋座など少なくとも常設の八劇場が運営されていたと思われる。株主総会記録によれば、一九二二年の隣町、五十崎の五十崎座開場時は「五十崎座の落成に伴ひ興行者の不利甚しきものある因り賃貸料を引下げ度数の増加に勉め総収入に於て殆ど前年度と異ならざる成績なる」という程度の影響であったが、一九二五年に魁座跡地に映画館旭館が開設された時は、一時期、内子座は開店休業状態、年度末にようやく少し持ち直すという有り様であったという。一九二〇年代は、第一次映画黄金時代であり、内子座の一九二五年度の利用日数をみると、年間総利用回数一一八回中、映画（「活動写真」）は四四回を占め、三分の一を超えた。映画上映では、舞台正面にスクリーンを設置する機会が増え、スクリーン全てを見ることができない見切り席が多い芝居小屋は不利となった。いまだトーキーではなく舞台が必要であったとは言え、旭館のように映画を主目的とした施設が優位に立ったのである。また、内子座には、この時期の修繕に関する多くの領収書が残されており、建築としての内子座の維持にも多額の費用を要していた。

全国的に見ても、この時期の大都市以外の映画上映は、

笑っちゃいけませんよ、恥しい話ですが「いらっしゃい」と景気のい、声に送られてモギリに切符を渡すと、次に下足札、煩わしい下足札を持って上ると「お布団いかが」と別嬪さん発声する！嫌だナアと思っても渋々持って来させるものなら料金五銭に火鉢五銭合計十銭也をとられる。そして中へ入ると古色蒼然

現在の旭館（1925年開館）

たる花道を横たへて、小さく四角に区切った観覧席そして林長二郎主演映画と云ふタイトルに万雷の拍手、やがて林長がスクリーンで躍ってる中を「エ、ラムネは如何」「蜜柑やお菓子はいかゞ」です。映写中は煙草はお構ひなし、お茶はのむ、やがてハネる頃にはラムネの空瓶と落花生の皮と、蜜柑の皮で周囲を包囲され、帰る時はサアー大事、下足札の有難さは燦然として輝く。或る者はマントを、或るものは袂を裂き、或る者はこの動乱を避難する為に尊い一時間の空費を余儀なくされるのです

※「日本全国一周映画誌上行脚」(『キネマ旬報』一九三一年三月一一日号)

という有り様で、芝居興行の名残を引きずっていたことが分かる。

一九二八年一〇月には、ついに、一年間、町内の崎岡戸一に賃貸することとなった。その後、借主は代わったが、戦後まで株主たちが再び興行主体となることはなかった。株主が内子座の上演内容に関与する度合いは大幅に減じたが、全てを放棄したわけではなかった。例えば一九三三年は前年同額で引き続いて尾崎武史が賃貸を希望したが、興行不振で「下町の繁栄ともなわざる」という理由で、興行度数を増すために徳岡文四郎に一年賃貸したという。

徳岡文四郎は内子自動車の経営者で、当時地方では珍しかった乗合自動車(今のバス事業に類似)の経営者であった。新興企業の経営者に内子座の運営が委ねられたのである。日本におけるバス事業は一九〇三年に始まっていたが、愛媛県内で最初のバス会社は、一九一六年、内子座開場の年に八幡浜の医師により設立された伊予自動車で、八幡浜―大洲―郡中(現在の伊予市)間の定期輸送が開始された。それまで、内子から松山までは、犬寄峠《いぬよせ》を越える山道を三〇キロ以上歩き、郡中に出て、伊予鉄道に乗るという経路が一般的で二日がかりであった。一九二〇年に内子に鉄道が達してからも、愛媛鉄道で大洲経由で長浜まで行き、汽船で向かうしかなかったから、バス開通は交通に大きな革新をもたらした。内子では、伊予自動車設立の一九

一六年に内子幌馬車株式会社が設立され、内子―大洲、内子―中山間の輸送が始まっていたが、バス会社と競合し、経営は苦しかったという。この結果、一九二二年にこの会社を内子自動車に改名、バス輸送に乗り出した。それも、一九二〇年代半ばには東京資本を含めた他のバス会社との売買収合戦を繰り広げたという。

しかしながら、すでに一九二九年(一説には一九二六年)に、内子自動車は、中央自動車・愛媛自動車と共に三社による共同経営が開始されており、一九三三年には、この三社に郡中自動車が加わって三共自動車が設立されて、内子・中予地域の路線の統一が行われ、内子自動車は消滅した。[※1] 一九三五年には長浜―松山間の鉄道が繋がり、大洲経由の鉄路で松山に行けるなど、バス輸送そのものの優位性が失われていった。

一九三八(昭和一三)年以降は、株主総会で老朽化による内子座の存廃が議論され、一九四〇(昭和一五)年には、いわゆる「九・一八価格停止令」により近隣劇場と統合した興行・運営となった。この法令の正式名称は「価格等統制令」(一九三九年一〇月公布)といい、同年の九月一八日現在における価格を最高値として商品価格や輸送費などを据え置くことを指示したもので、同時に公布された「地代家賃統制令」などとともに、物価・地価・賃金の固定化を狙っていた。株主が内子座の借主を自由に選ぶことができなくなったのである。敗戦の年には、興行そのものができなくなった。この間、一九四二年九月六日には、中田鹿太郎が開場以来つとめていた「専務」「支配人」を安川忠美(発起人安川喜十郎の子)に引き継いでいる。

内子座は、劇場としての内実を減じていったが、そもそも、戦時下に株主総会が開催できたこと自体が、株主たちの内子座に対する思い入れの強さを表していたとも言える。

全国的に見れば、状況はいっそう厳しいものであった。

大阪では、一九三七年の日中全面戦争開戦以降、喜劇や新国劇といった大衆的な演劇で戦意高揚を目的としたものが増加し、日常化した。例えば、一九三八年には「銃後の守護」(七月三一日〜、中座《家庭劇》)、「戦ひはこれからだ」(八月一〜一〇日、角座《大衆劇》)、「明け行く大陸」(八月三一〜九月一三日、北野大劇場）、「敵前上陸」（九月一〜二五日、大阪歌舞伎座《新国劇》）、「海の荒鷲　南郷少佐」（一〇月一〜一七日、角座《新旧合同劇》）のように、ほとんど毎日のように戦争ものが演じられ、その多くを大衆的な新演劇が担った。[※2]

一方、興行団体の統制も徐々に進み、一九四一年二月一三日には、興行報国組合の結成にまで至る（『大阪朝日新聞』二月一四日）。この会は大阪興行組合を基礎としたもので、興行者単位に組織されて、日本精神を基礎とする新しい興行道の確立を目的としていた。興行方針の刷新や改善、興行者や従業員・芸能者の生活改善と技能錬磨から国策協力や銃後後援の強化に協力するのが実践方針という極めて精神主義的で曖昧なスローガンではあったが、既設の類似団体・機関は全て興行報国会に吸収・改組されることとなった。ここに芸能の新体制が完成したことになる。一九四〇年の内子座近隣劇場の興行統合もこうした流れに沿ったものであったと考えられる。

一九四四年の二月二五日に第一次決戦非常要綱中の「高級享楽の停止」に基いて、東京歌舞伎座・東京劇場・大阪歌舞伎座・京都南座など全国一九の大劇場が三月五日から休場となった。密集地の映画館の整理統合や映画館の閉場も指示された（『大阪朝日新聞』三月五日）。また、それ以外の劇場においても大阪の新町演舞場が日本出版配給会社に売却されて書庫・作業場になったほか（『大阪朝日新聞』一九四三年五月一一日）、例えば岐阜県の劇場では、一九四五年に入ると、各務原市の村国座は陸軍整備学校の電機関係部品倉庫に、下呂市加子母《かしも》の明治座は軍需用の鋳物工場の器具類の疎開用倉庫に、中津川市福岡の常盤座は軍によって倉庫に、同じく中津川市蛭川の蛭子座は軍需工場に、それぞれ徴用され、劇場としての機能を失った。また、藤田組小坂鉱山（戦時下に帝国鉱発㈱に経営権譲渡）の慰安施設であった康楽館は、敗戦直前には、鉱山に連行されてきた中国人二〇〇人の宿舎となったという。一九四五年六月三〇日に花岡事件が起きたので収容施設を町場に移転する必要を生じたためであった。強制就労中に二〇〇人中六二人が死亡していた。[※3]

映画に関しては、すでに、一九四二年には映画館の存立が危うくなっていた。映画は、「映画法」の成立

（一九三九年）によって厳しく統制されていた上に、一九四一年八月には、アメリカからの生フィルムの輸入途絶という事態をうけて、内閣情報局から民間用フィルムの供給停止という申し渡しがあった。これに対して映画界は紛糾し、結局、映画会社は松竹、東宝、大映の三社に統合されて、この三社合わせて一ヶ月に二本の制作に制限されることになった。最盛期には、一ヶ月に二十本以上の新作が制作されていたから、映画の絶対量の不足は明らかであった。一九四二年二月には全国二三五〇の映画館に一元的に配給を行う社団法人映画配給社が設立されて四月から少ない映画を割り振った。また、映画館は次々と「実演劇場」に転換した。実演劇場とは、仕事を失った映画俳優たちが実際に舞台に立ち演ずるというものであった。また、映画俳優の多くが移動演劇隊となって農村漁村の劇場を回った。これは仕事を失った俳優たちにとっては、確実に舞台に立つことができる上に豊かな食事を得ることのできる機会となった。山鹿市八千代座や広島県上下《じょうげ》町翁座などには、戦争末期や戦争直後には映画でしか見ることのできなかった俳優に身近に接することができたとの逸話も残っている。この移動演劇公演は、一九四四年から敗戦の間に六三〇〇回行われ、六〇〇万人以上の観客を集めたという。

　内子座においては、戦争が終わると、経営に関する活発な議論が再開した。早くも一〇月には七名の賃貸希望者が現れ、争いもあるので年貸をあらため一回ずつの賃貸とすることとなった。翌一九四六年一月には三〇〇円で月貸に決し、合わせて各部分の修繕が大きな課題となった。一九四七年からは直営に戻り、修繕、一夜貸、貸出先などに関して議論が闘わされた。その後、「監理人」を置くことになったが、一九四九年の人選を巡って金銭的な紛議が発生したことも記載がある。

　この間、一九四九年一月には「美富久会歌舞伎」という催事があった。戦後の荒廃を歌舞伎で救おうという趣旨で、内子町と内子高校が後援となっており、内子高校の備品整備のチャリティを兼ねていた。公演は三日間におよび、妹背山女庭訓《いもせやまおんなていきん》、義經千本桜、一ノ谷嫩《ふたば》軍記など、歌舞伎一八番を中心に九演目を地元の素人役者が演じた（写真）。妹背山女庭訓は、くしくも内子座柿落し公演の淡路人形座と同じ演目であった。

戦争直後は、大都市部の食糧難を背景に、長谷川一夫や大河内傳次郎ら大スターが地方を巡業していた。愛媛県西予市卯之町の栄座に残されていた招き（興行記念板書掲額のこと）には、一九四五年の敗戦以降、

井上正夫・市川紅梅大一座（一九四五年一一月）
関西大歌舞伎　林又一郎一座（一九四六年六月）
東京大歌舞伎　市川男女蔵《おめぞう》・尾上菊之助・阪本彦三郎大一座（一九四六年八月）
高田浩吉劇団（一九四六年九月）
前進座大一座　河原崎長十郎・中村翫右衛門・中村芳三郎（一九四六年一〇月）
片岡千恵蔵大一座（一九四六年一二月）
東京大歌舞伎　市川八百蔵・岡三十郎大一座（一九四七年一一月）
新演伎座地方公演長谷川一夫大一座（一九四八年二月）
市川右太衛門大一座（一九四八年七月）
寿々木米若（浪曲、一九四八年一〇月）
初代天中軒雲月追善関東浪曲名人大会　広沢虎造・玉川勝太郎・天中軒雲月ほか（一九四九年二月）
名人浪曲大会　広沢虎造・吉田奈良丸・梅中軒鴬童ほか（一九五〇年三月）
中村鴈次郎（一九五〇年六月）

といった綺羅星のごときスターたちが来演していたことが分かる。[※4] 内子座に彼らが訪れた可能性も高い。しかしこれは、内子座をはじめとする芝居小屋の最後の輝きであった。

内子座では、二度目の全盛期を迎えつつあった映画上映に対応し、映画専門館に改装する計画が持ち上がっていた。従来、一九五〇年に内子座は桟敷を椅子席に変更、二階向桟敷に映写室を設けて映画館に改装

美富久会歌舞伎

したと言われていたが、[※5] 庶務日誌によれば、同年に「映写設備を承認」との記載はあるものの、桟敷に関しては一九五一年一一月に至っても「内子座座席修繕に付協議　何れ大改装を要するも今は暫時そのまま」と記されている。大改装の費用捻出のために増資が必要との記述があるほか、一九五二年には管理人が夜逃げするなど経営が困難であったことが読み取れる一方で、株主が映画館化に対してためらっている様子があり、完全に映画館化したのは一九五二年以降であることが推測される。内子座を劇場として生かし続けたいという執念を感じ取ることができる。

一九五三年の役員名簿では、代表は安川忠美、大西常治ほか戦前からの役員を含む一二名が名を連ね、八三名の優待割引者（おそらくは株主）、七名の株主割引者の名簿が添付されていた。総計しても一〇二名であり、当初の株主数は半減していた。

内子座は、一九六〇年代のテレビジョンの普及によって映画館としても立ち行かなくなっていった。全国の芝居小屋も同じような道筋をたどった。先にも触れた山鹿の八千代座の場合、一九六三年以降、興行は行われなくなり、映画上映、学芸会、市職員大会に使用されたが、一九七三年、閉館を余儀なくされた。[※6] 康楽館（秋田県小坂町）は一九七〇年に一般の興行は行われなくなった。現存する中では日本最古の芝居小屋である旧金毘羅大芝居にしても、一九五〇年代後半には映画館としても利用されなくなり、一九五三年に香川県の文化財となったものの、荒廃がひどく一九六四年に指定がいったん解除されるという有り様であった。

一九六六年七月、内山商工会議所臨時総会で商工会館の建設が話し合われ、内子座を事務所として使用することに決した。

商工会館時の状況

一九六七年三月、内山商工会議所は、内子座を株式会社内子座より八二万円で購入、ただちに改修工事に着手し、「内山商工会館」とした。東西桟敷や二階桟敷は事務所、会議室、広間などに改築されたが、一階中央部分（映画館時代の椅子席部分）と舞台はほぼそのままで、不定期に映画上映、演劇、歌謡ショーも行われたという。ただ、この間の公演記録は残されておらず、「映画を観た」「お化け屋敷のようだった」「かくれんぼをした」「キャッチボールをしていて窓ガラスを割った」といった証言があるのみである。

その後、内山商工会館は老朽化と使い勝手の悪さのため取り壊して駐車場とする案が浮上したが、町並み保存が議論される中、一九八二年に内子町所有となり、一九八五年、町営の劇場として再興する。

※1　『うちこ六日市・八日市護国地区伝統的建造物群保存地区保存対策調査報告書』（内子町、一九八七年）二八〜三〇頁。なお、『愛媛県史　近代下』（愛媛県、一九八八年）「交通・運輸の発達」の「バス」の項目に記された三共自動車の成立時期と異なっており、本稿では『愛媛県史』に従った。

※2　国立劇場近代歌舞伎年表編纂室『近代歌舞伎年表・大阪篇』第八巻（八木書店、一九九三年）六九〇、六九一、六九三、六九六、七〇四〜五頁。

※3　『ザ・康楽館』R2アソシエイツ、一九九三年。

※4　前掲『愛媛県史 芸術・文化財』中の第二編第七章の「五　現代演劇と演劇上の消滅」より作成。

※5　前掲『芝居小屋 内子座 八〇の年輪』、一四〇頁。

※6　文化財建造物保存技術協会編『重要文化財八千代座保存修理工事報告書』、山鹿市、二〇〇一年。

1946年、自ら内子座の舞台に立ち、歌舞伎を演じた町民たち。戦後の混沌の中にあっても芸能を愛した人々の姿が窺える。亀岡義輝氏（前列右から4番目、松山在住）より提供。

第3章　再興、町並み保存とともに

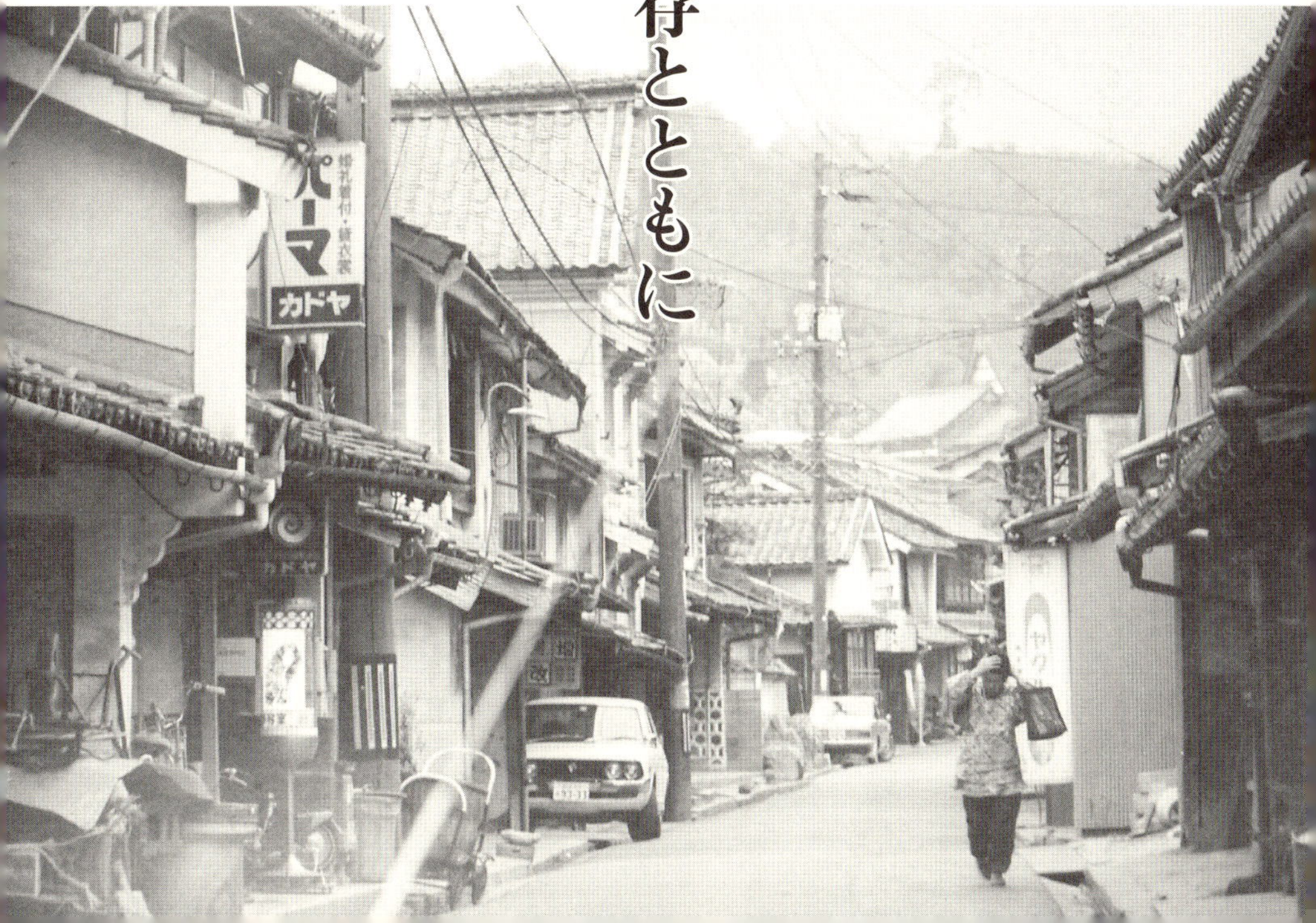

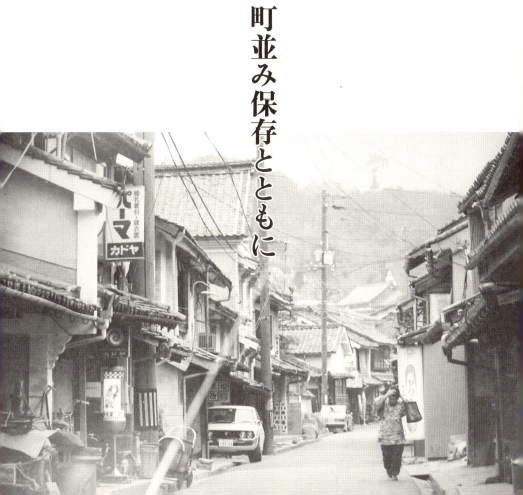

八日市・護国地区と町並み保存運動

一九七〇年代、全国の多くの芝居小屋が廃絶し、そのまま姿を消していった。そんな中にあって内子座もまた、取り壊し寸前の窮地に立たされていたが、一九八〇年代に入り一転して見事な復活劇を見せることとなる。その背景には、八日市・護国地区を中心とした町並み保存運動の成果があった。

八日市・護国地区は、肱《ひじ》川の支流である小田川、中山川、麓《ふもと》川の合流地点に開かれた旧内子町の中心部にある。町を貫く大洲街道は松山と大洲という二つの城下町を結び、交流と産業の道であるのみならず、金毘羅参りや四国遍路などの〝祈りの道〟としても重要な交通の要衝だった。この街道沿いには、幕末から良質な白蝋生産の中心地として、白壁の町家や屋敷が建ち並び、栄華を極めた。

全国のそこここにあったこうした街道筋は、一九世紀末からの産業革命、戦時の空襲、そして一九六〇年代からの高度経済成長によって、産業の担い手の変化や生活習慣の変化による用途変更、それに高齢化が襲い、その多くは朽ち果て、場合によっては近代的な町並みに取って代わられた。

一九七〇年代になると、わずかに残った古い町や町並みに対して、なかば郷愁をともなったツーリズムが盛んとなり、再評価が始まった。一九七〇年一〇月から旧国鉄が個人旅行客や女性旅行者の増大を目的に展開した一大キャンペーン「ディスカバー・ジャパン」はまさにその象徴だった。また、時期を同じくして創刊した女性誌『an・an』『non-no』などは、ファッションモデルたちが町並みを訪れるといった具合で各地を紹介し、いわゆる「アンノン族」を生み出した。その結果、倉敷、木曽路、萩・津和野などの地域が注目を集めるようになった。木曽路の妻籠の場合、一九七〇年からの三年間で観光客は約四倍になった。一方、地域の側では、一九六八年に金沢市が古い町並みを対象として「金沢市伝統環境保存条例」を全国に先駆けて制定したのをきっかけに、倉敷市、柳井市、盛岡市、京都市、高山市などで次々に同様の条例が制定されていった。住民主体のものとしては、長野県南木曽町「妻籠を愛する会」（一九六八年～）、奈良県今井町「今井町を保存する会」（一九七一年～）、名古屋市緑区有松町「有松まちづくりの会」（一九七三年～）が一九七四年に「全国町並み保存連盟」を結成、一九七八年には「第一回全国町並みゼミ」を有松町で開催した。

こうした動きの中で、文化庁は一九七二年「第一次集落町並調査」を実施、八日市・護国地区もリストアップされた。これをきっかけに内子町でも、貴重な歴史的な資産＝「文化資源」として町並みを認識することとなった。また、『アサヒグラフ』の一九七五年三月号で八日市の町並みが全国に広く紹介されたことも追い風になった。なお、同年に文化財保護法が改正されて「伝統的建造物群保存地区」制度が生まれ、合わせて翌一九七六年には特に貴重な地域を「重要伝統的建造物群保存地区」（重伝建地区）とすることになった。

内子町では、一九七五年一二月に住民一三人が発起人となり、翌年三月、「八日市町並周辺保存会」を正式に発足させるとともに、役場には商工観光係が設置され、町並みの保存と振興に取り組むこととなった。一九七八年三月に「内子町伝統的建造物群保存地区保存対策調査報告書」が完成し、同年一〇月から内子町の単独事業として保存対策費の補助金交付要綱が制定された。一方『内子町勢要覧二〇一〇』によると、住民の間には伝統的な構造の家は採光が悪い上に、間取りや構造が不便で建て替えたいとの声もあった。しかし、町の担当職員による粘り強く地道な活動の積み重ねによって、次第に町並み保存の意義が地域に浸透していったという。一九七九年に役場に町並み保存対策プロジェクトチームが組織され、一九八〇年九月には「内子町伝統的建造物群保存地区保存条例」が制定された。そして一九八二年四月、国は八日市・護国地区を四国で初の重要伝統的建造物群保存地区に選定した。地区の面積は約三・五ヘクタールと、全国一〇九地区（二〇一四年末）の中でも八番目に狭い面積である。伝統的建造物九一棟、石垣一七面、石積溝二〇条のほか、井戸や石灯籠などを含んでいる。内子町は修理（伝統的な建物の修繕）に八〇パーセント（外観及び構造材対象。補助額上限なし）、修景（この場合は伝統的建造物と町並みに合うよう建物の外観を整えること）に三分の二（補助額上限五〇〇万円）の補助を出しているが、一九七八年から二〇一四年に至るまで五億七千万円を超える金額を要している。このうち内子町負担額は三分の一の一億八千万円余りで、一年当たりの出費は五〇〇万円程である。

内子町の町並み保存運動の特徴は、建造物の保存・修理・復原にとどまらず、自らの力でコントロールできる地域コミュニティの形成を目指した点である。詳細は第6章の岡田文淑《ふみよし》氏のインタビューに譲るが、伝統的な木造建築技術や町並みで営まれてきたなりわいなど、町並みを維持するための本質的な事象を大切にし、短期的な観光客誘致に走らなかったのである。これは「暮らしの環境」「歴史的環境」の保全といった都市計画を組み立てていくことでもあった。町並み保存のための五〇〇万円足らずの出費を、まちづくり全般の道筋をつけていくことに生かしてきたと言えるだろう。したがって、周辺も含めて大型宿泊施設はつくられず、保存地区内には特産の木蝋を背景とした約一五〇年の歴史を持つ和蝋燭屋があり、町内には町並みの修理を手掛ける左官職人もいる。一方で、一九七〇年代にはゼロに近かった観光客は、一九八〇年代半ばには年に三〇万人を超えた。現在は約二〇万人前後を数え、三億円前後の経済効果を生んでいる。

全国的に見れば、町並み保存自体が、修理・修景に住民の自己負担が必要であるなど、住民の自発性に負っており、まちづくりそのものの性格を持っていた上に、文化庁の重伝建地区選定のシステムが地域の意思を大切にしていたので、町並み保存の有り様は一様ではない。重伝建地区選定を受けた地域に限っても、奈良県今井町のように行政の都市計画において住宅地とされ、観光に力点をおかないところもあれば、秋田県角館町や長野県南木曽町妻籠のように多数の観光客を集め、まちづくりもそれに配慮したところもある。多くの重伝建地区は過去に特定の産業・交通が盛んであったところであり、現在はそれらの産業などが衰退しているところが多い。その空洞を埋めるのが観光であったが、観光産業自体に嗜好の変化と浮き沈みが大きい

八日市の町並みが紹介された『アサヒグラフ』1975年3月号

上、必ずしもまちづくりと歩調を合わせるものになるとは限らない。町並み保存の自律性と持続性のために、まちづくりと観光化のバランスをどのようにとるかは、どの重伝建地区にとっても大きな課題であった。

内子町の場合、こうした八日市・護国地区の町並み保存運動が土台となって、内子座も再興への道を歩み出すことになった。では、町並み保存と内子座の再興について、時の町長はどのように考えていたのだろうか。次節ではその声を聞いてみたい。

「取り壊す選択肢はなかった」　河内紘一（元内子町長）インタビュー

――最初に、一九八二年に内子座が内山商工会から内子町に寄贈される以前のことについて教えてください。商工会時代の内子座のことは覚えていらっしゃいますか。

河内　映画館として使っていた時代もありましたが、劇場としてはほとんど使用されていませんでした。枡席には映画館当時の椅子が残っていて、使い勝手が悪かったんだと思います。現在の出口の廊下になっている横のあたりに部屋があって、確かライオンズクラブが例会に使っていました。花道は取っ払われていて無かったですね。なにせ古い建物ですから、雨漏りはするし、何より屋根の瓦が落ちてくるんじゃないかという不安があって、そうなる前に取り壊して駐車場にでもしようという話が出ていました。

――町として、内子座を商工会から引き受け、残そうとなったのはどういう経緯ですか。

河内　その頃すでに町並み保存運動が本格的にスタートしていて、一九八二年には八日市・護国地区が重要伝統的建造物群保存地区（以下「重伝建」）の選定も受けました。しかし内子座に関しては、まだそれが何たるものかを理解していませんでした。ただ愛媛県内に同じような芝居小屋は他になかったので、直感的にこれは残しておかないとまずいということになり、内子町が商工会の事務所を探すという条件で取り壊すのを止めてもらいました。商工会にとっては、厄介なお荷物を町に任せて事務所を移すことができたのですから、渡りに船だったと思いますよ。

―― 当時は全国各地に新しい文化施設がどんどんできていました。その一方で芝居小屋は取り壊され、今は重要文化財になっている熊本県の八千代座や秋田県の康楽館も存続が危ぶまれていました。そんな時期に内子座を残そうと決断した背景にはどんな想いがあったのでしょう。

河内 町並み保存をまちづくりの柱にしようとしている町として、内子座を取り壊す選択肢はなかったということですよ。具体的にどうしようという話はともかく、まずは何とかして残さなければいけないという気持ちだけはありましたね。

―― その後一九八五年に内子座は復原工事が行われ、劇場として再興します。そもそも劇場として残そうという予定だったのでしょうか。

河内 そういう気持ちはありましたが、修理したくても内子町に金はないし、国に何か制度があるわけでもないので国にも言えない。そうなると県だけが頼りでしたから当時の担当部署に日参したのですが、「江戸時代の建物にも補助金を出したことがないのに、大正時代の建物に補助金が出るはずないだろう」と言われましたね。こちらも頭に来て「大正時代だろうが何だろうが、愛媛に一つしかないものだから出すべきだ」と言ったりして。

状況が変わったのは、やはり八日市・護国地区が重伝建の選定を受けてからです。県に陳情に行った時、担当者から「重伝建の選定を受けた内子町に対して、県としても何らかの〝お土産〟を考えている」と言われ、当時の副知事に内子座修復の話を通してもらいました。副知事から「文化の里」の話をお聞きし、指示通りに申請すると、翌年には指定をもらえ、すぐに内子座の修理が始まりました。

―― 内子座の保存は町並み保存の一環ということですが、八日市・護国地区とは少し距離が離れています。

町としてはいずれ町並み保存地区を拡大し、内子座に繋げていきたいといった計画もあったのでしょうか。

河内　位置関係でいうと町並み保存地区と内子座を繋ぐ位置に、本町通り商店街を含む六日市の町並みがあります。実は、八日市・護国地区が重伝建の選定を受けたので、本町通り商店街に残っている古い建物についても国は申請すれば認めてもいいという雰囲気があったんです。だからそのタイミングで六日市についても重伝建の選定をもらって、古い建物は残しながら商業活動を推進していく新たな取り組みができればという想いはありました。そうすれば商店街は活性化するし、内子町としても活力を取り戻すことができるんじゃないかと。

ただ、当時の商店街の若い人たちは、銀座や松山の大街道のように近代的な商店街を求めていました。私はそういうかたちは内子のような小さな田舎町では成功しないと考えていて、むしろ内子らしい商店街とはどういうものなのかを考えていたんですが、結果的には住民の反対があって実現しませんでした。このあたりがきっちりできていたら、町の様子ももっと違っていたとは思います。

――とは言え、内子座が残ったことは内子町にとって非常に大きな効果をもたらしています。今でも「町民として一番誇れる建物は?」というアンケート調査をすると、圧倒的に内子座という結果になるそうですね。

河内　そうですね。活性化という観点から考えても、もし八日市・護国地区の町並み保存だけで終わっていたら、今ほどインパクトのある町にはなっていなかったと思います。まちづくりに内子座が加わることで、地域も華やいできたというか、多くの人に注目されるようになった。私一人では何もできませんでしたが、熱意を持って住民を説得してくれた優秀な職員が何人もいましたし、その結果として今の内子町の姿があるのだと思います。

ただ復興から三〇年経って時代もずいぶん変わりましたから、これから先も楽じゃないとは思います。本町通り商店街あたりでは開店する店も増えてきたと聞きますが、内子町全体としては人口は減少しています。

1980年代の六日市の町並み

平成の大合併からもうすぐ一〇年が経ち、交付税の算定の特例の恩恵も来年度あたりから減っていく。行政と町民が一緒になって、二〇年、三〇年先の町の姿を見据えて、本気で取り組んでいってほしいと思います。

（二〇一三年九月二四日　河内氏自宅にて　インタビュー：徳永高志）

河内紘一

一九四一年、内子町生まれ。内子高等学校卒、東京農業大学農業経済学部卒。一九七九～二〇〇五年、旧内子町長を連続七期、二〇〇五年～二〇〇九年、平成の町村合併後の新・内子町長を一期務めた。また一九九七年～二〇〇八年、㈱内子フレッシュパークからり代表取締役社長及び代表取締役会長などを歴任。二〇一五年現在、相談役。

進展する町並み保存──内子シンポジウム'86

河内元町長の発言で特に注目されるのは、内子座が位置する六日市の町並みも重伝建選定を目指していたという点である。六日市は、二〇世紀初頭から町で最も栄えていた地域であった。一九七二年に新国道五六号線が六日市の東側二〇〇メートルの位置に完成するまで、バスや自家用車も利用する重要な交通路でもあった。一九八〇年前後には多くの商店が営業しており、地区選定には克服すべき課題も多かったのである。結果的には、まず内子座を再興して六日市の活性化に資するということになったのだと考えられる。六日市が重伝建化できなかった主たる理由が、商店主の反対にあったのか、それとも町の進め方に不手際があったのか、今となっては検証することは難しい。重要なのは、実は本町商店街の核となる商店や旅館の主が内子座創建時の主要株主であり、また一九八五年の再興後も興行主の一翼を担っていたという点である。

内子町のまちづくりにおいては、他の町でもそうであるように、様々な課題があり、その解決方法についても意見の違いが渦巻いていた。内子の場合、利害の対立が時に事業の実現を阻んだが、当事者たち（この場合は商店や旅館の主たち）がすべてをあきらめることなく、互いに意見を交わし、新たな道筋を探していた点に特徴がある。そのよりどころが内子座の再興であった。さいわいであったのは、内子座が劇場であり、舞台芸術の興行という一点を共通項にしながら、多様な価値観が担保される場所であったことである。どのような催し物であれ、集った人々は日常生活とは異なるレベルで体験を共有し、それを土台に意見を交わすことができ、また日常に帰ることができた。八日市・護国地区の町並み保存にも共通していることだが、内子座の再興は、それがお墨付きの文化財となることなどが重要なのではなく、むしろ再興されることによって町の課題のいくつかが解決されることこそが目的となっているのである。

内子座再興の結果、〝内子座があること〟によって、様々な舞台芸術が実施されたほか、町並みや内子座そのものの価値を高め、ひいては文化資源としての内子町を再確認するような事業も行われた。その代表的なものが、一九八六年一〇月、内子座再興一周年を記念して開催された「内子シンポジウム'86―まち・暮らし・歴史」である。二日間にわたるこのシンポジウムでは、岐阜県の高山市や白川村、沖縄県読谷村、長野県小布施町、それにドイツのローテンブルク市から首長らのゲストを迎え、歴史と文化とともに生きるそれぞれの町が努力してきた点や抱える問題点を共有した。特にローテンブルク市の市長は、行政として一九〇〇年から都市景観の保全に尽力してきたが、第二次世界大戦のわずか数週間で保全地区の四割が灰燼に帰したこと、その復興にあたって景観の維持に努めたこと、そして一九七三年には旧市街地に対し建築造形条例を制定したほか、のちに広告条例を制定し周囲の緑地帯に至るまで保全を図ったことなどを述べた上で、それらを前提とした生活利便の改善と環境保護や都市生態保全を課題として取り組んでいるとした。ローテンブルク市とはこれをきっかけに職員派遣など息の長い交流が続き、歴史的景観維持・発展のための情報交換はもとより、ソーセージなどの農産物加工技術の修得など地場産業に寄与する活動が生まれた。また、景観保全と環境保護を密接不可分とする考えを発展させ、一九九二年からは「エコロジータウン内子」を掲げ、内子町独自の「村並み保存」「山並み保存」に結びつけていった。この結果、ローテンブルク市と内子町は二〇一一年九月に姉妹都市となっている。なお特に議論にはなっていないが、ドイツではまちづくりの中心に劇場があるのはごく自然なことである。偶然の要素が多かったにせよ、再興した内子座でこうした催しが実施されたことは、ローテンブルク市との結びつきを一層強くした背景になったと思われる。また、愛媛県知事や自治省（現・総務省）幹部らを招いてシンポジウムを行ったことは、内子町が、町並み保存を核としたまちづくりを進めることを県内外に宣言したことにもなった。

これ以降、朽ち果てようとしていた芝居小屋を持っている熊本県山鹿市（八千代座）や秋田県小坂町（康楽館）などからの視察が相次ぎ、内子町および内子座は、町並み保存とともに芝居小屋再興のトップランナーとなったのである。

町並み保存から芝居小屋再生に至った道筋は、一九九三年一一月の八千代座での全国芝居小屋会議に結実する。一九八五年、内子座再興の年から始まった「四国こんぴら歌舞伎大芝居」が伝統的な大歌舞伎の長期大規模公演である。旧金毘羅大芝居（金丸座）がそれ以外にはほとんど使用されていなかったのに対し、まちづくりと連携し町民の娯楽の殿堂としてよみがえった内子座は、各地で保存と活用に苦心していた芝居小屋に大きなインパクトを与えた。当時、山鹿市文化振興課係長であった木村理郎は、一九八八年に重要文化財に指定され、翌一九八九年に利用が再開された八千代座について、「金丸座方式、内子座方式のどちらでやっていこうかとはよく議論する。あいだを取ったのが八千代座ではないかと思う。八千代座の使用回数は少しずつ増え、桟敷会（山鹿八千代座桟敷会のこと、民間の八千代座支援組織）とか坂東玉三郎実行委員会などで「貸し小屋」的性格が強い。芝居小屋を通して見た地域の歴史、文化の面にもっと光を当てていただくことを提案する。活用が進み始めると、内容が忘れられてしまう危惧もあるし、一過性のブームに終わってしまう可能性もある」（準備会での発言）と語っている。これは、芝居小屋が一時的なイベントを繰り返し

内子シンポジウム'86。右から、内子町長の河内紘一氏、ドイツ・ローテンブルグ市長のオスカー・シューバルト氏、高山市長の平田吉郎氏（全て当時）。

て地域に根差すことを忘れると、いずれ単なる古建築として忘れ去られることを指摘しており、内子町の町並み保存運動と内子座再興にあたって、最も留意されていた点であった。

第二回全国芝居小屋会議は、一九九四年一一月に内子座で開催された。特産の和蝋燭と地元鍛冶職人が製作した燭台による舞台照明を利用した「ろうそく能」上演で始まり、二日間にわたって、内子座のことはもとより、伝統芸能や劇場空間、まちづくりについて熱心な議論が闘わされた。これ以降、現在まで全国芝居小屋会議は継続し、全国の芝居小屋の情報交流と研究を進めている。町並み保存が、それにとどまらず、まちづくりに、そして劇場の再興＝舞台芸術を中心とした文化の創造へと繋がり、新しい人的ネットワークを形成したのである。

一九八六年のシンポジウムでも、歴史的景観をまちづくりに生かすためには、住民を巻き込んだ弛まぬ施策が欠かせないことが指摘されていたが、八日市・護国地区においても、これ以降も着々と手が打たれた。

一九八九年に地区の電柱が撤去され、一九九〇年には「内子町景観行政推進要綱」が制定されるなど、制度的な整備も進んだ。また、同年九月には八日市・護国地区にある大村家住宅、上芳我家住宅、本芳我家住宅が重要文化財に指定された。大村家住宅は寛政年間（一七九〇年前後）に建てられた内子町内で最も古い方の商家の一つで、木蝋生産が盛んになる以前の古い町家の形式で、裏座敷、藍蔵などの附属屋も揃っている貴重な建造物である。本芳我家住宅主屋は一八八九年に建てられたもので、漆喰塗籠の重厚な建物は、鏝《こて》絵《え》と呼ばれる彫刻や海鼠《なまこ》壁《かべ》などで飾られている。上芳我家住宅は、国内最大規模の製蝋業者だった本芳我家の筆頭分家・上芳我家の邸宅であり、江戸時代末に分家した当時の出店倉とともに、内子木蝋生産の最盛期に建てられた主屋や附属屋など全部で一〇棟の建物が現存している。一九八〇年から、一部を全国屈指の木蝋資料館として今も整備が進んでいる。

現存施設の修景も進んだ。その最も象徴的なものは上芳我家住宅の前に位置する内子中学校の改修（二〇〇七年）である。中学校の校舎は、白壁の町並みと違和感のない設計で改築・修景された。町並みの整備も少しずつ、しかし着実に進行していると言える。

住民から見る町並み保存

では、こうした内子町の町並み保存の動きは、内外からどのように評価されていたのか。二〇〇〇年に、八日市・護国町並保存センターが、町並み保存地区の一九歳以上の居住者に対してアンケート調査を実施した（回答数一七九）。アンケートの内容は、「近所付き合い」「湿気」「風通しの良さ」「室内の明るさ」「建物の古さ」「屋根瓦」「建物の姿」そして「町並保存」について、それぞれ「満足・良い」「どちらでもない」「不満・悪い」で回答するというものだ。その結果、「屋根瓦」「建物の姿」という外観について四〇パーセント前後が満足していることなどが分かった。注目すべきは「近所付き合い」、つまりコミュニティの形成について三〇パーセント以上が満足している点で、これは内子ならではの町並み保存の成果だったと言えるだろう。一方、「湿気」「室内の明るさ」には三〇パーセント以上が不満を持っていることも明らかになった。これは、居住者の三割以上が六五歳以上の高齢者であることを考え合わせると、住居の利便性という点で課題を残していることが窺える。「町並み保存」全体に対しては賛否が分かれているが、「不満・悪い」の割合が六パーセントしかないのが目立つ。

一方、町外からは「日本の道一〇〇選」（建設省）、「都市景観大賞（景観形成部門）」「手づくり郷土賞大賞」（国土交通省）、「文化庁長官表彰創造都市部門」など国から、また「サントリー地域文化賞」など民間から、実に様々な賞を受けている。これは町並み保存が単に建物の町並み保存にとどまらず、住民の日々の営みの再構築を町並み保存だと考える思想が評価されてきたと言えるだろう。

先にも触れた「全国町並み保存連盟」が二〇〇〇年に制定した「歴史的町並み・集落保存憲章」では、「歴史的町並みの定義」「歴史的町並みの構成要素」など一七項目が挙げられているが、その中の「住み続ける町並み」では、町並みに「人が住み続け、活気ある生活が展開し、伝統が新しい生命をえてよみがえることをもって歴史的町並みの保存と呼ぶ」とある。ここでは、もっぱら地域に根差した建築技術の伝承やそれにまつわる産業に言及しているだけで具体性はない。八日市・護国地区の場合、住民の営みに加えて、例えば、一九八七年から始まった「上芳我邸観月会」は、数年で「八日市町並観月会」として発展し、住民手づくりの行灯が町並みを飾るほか、はぜとり唄の踊りなどの伝統芸能や木蝋資料館上芳我邸でのコンサートなど、官民一体となったイベントが継続している。これらは町外の観光客のためであるとともに、町内の参加者が多いのが特徴である。憲章の先を行く実践が実現しているのである。

観光に対して、アンケートでは、観光客が増えることについて約半数が「いいことだと思う」と答えている。「そうは思わない」「迷惑している」は二二パーセント、残りは「分からない」「回答なし」である。この結果で住民の意向を判断することは難しいが、否定的な二二パーセントの住民の懸念はどこなのか、肯定的な住人にとって観光ないし観光客がどのようなものであるのか、問い続けることが大切になるだろう。

と言うのも、内子町における観光の概念が変化しているからだ。内子町は一九九二年に「エコロジータウン内子」をテーマとして町並み保存の考え方を拡大し、「美しい村並みの創生」を打ち出した。つまり、町並み保存を基盤とした景観・環境保全によるまちづくり、エコツーリズム、グリーンツーリズムの振興だ。この流れを受けて、一九九四年に内子座や八日市・護国地区から車で一五分程の距離にある石畳地区に「石畳の宿」をオープン。さらに一九九六年には市街地の旭館からほど近いところに、大日本麦酒株式会社（現・アサヒビールおよびサッポロホールディングス）社長・高橋龍太郎の旧居を活用した「文化交流ヴィラ高橋邸」を整備している。そして二〇〇五年からは「町並みから村並みへ、そして山並みへ」を掲げ、町並み保

八日市・護国の個人宅の修理工事（1986年）

内子座柿落し公演にて（1985年10月）

存を中心に据えたまちづくりの考え方を全町に拡大している。

もちろん、現在も八日市・護国地区では修復・修景が持続し繰り返されて、美しい町並みが維持されている。一方で課題も残る。約一二〇軒のうち約一割が空き家となり、今後も増加が見込まれる。町並みが高い評価を得て観光客が増加しようとも、八日市・護国地区は多くが住宅であり、直接的な生業には繋がらない。空き家は修理が必要な建物が大半で、活用のためには有効な資金確保が急務である。居住者も高齢化しており、次代に繋ぐため、居住空間としての快適性をいかに提案していくかが次のステップと考える。とは言え、建物を残すためだけに町並み保存をしているわけではない。暮らしや文化などその土地らしさを未来へ伝えていくということも忘れてはならない。

第4章　よみがえる娯楽の殿堂

大改修、そして劇場の復興

一九八二年九月一六日、内子座は内山商工会から内子町に寄贈された。町はすぐさま文化財保護審議会を開き、寄贈から二週間足らずで町の有形文化財に指定した。これほどのスピード感を持って行われたことは、勢いづく町並み保存の波に乗って、後のことはともかく、とにかく「壊してはならない」という町の強い意図が窺える。

と言うのも、寄贈が決定されるまでの内子座は、取り壊して駐車場にしようという計画が浮上していたからである。まさに存続の危機、というよりもまさに崖っぷちであったのである。すでに述べたように、内子座は旧来の国鉄内子駅の目の前にあった上に、一九八六年の予讃線新線開業に合わせて新設が進められていた新しい内子駅からも徒歩数分のところに位置していた。モータリゼーションが急激に進む時代にあって、古びて誰も見向きもしなくなったかつての芝居小屋は、更地にして駐車場にするには最適な場所にあったのである。

そんな状況から一転して町が内子座の保存と再興に歩みだした経緯については、前章で記したとおりである。しかし内山商工会から内子座を譲り受けた時点においても、町単独の財政では劇場としての改修の費用(結局総事業費は七〇二〇万円になった)が確保できないとの見通しもあり、内子座再興は容易ではなかった。改修の計画が具体化したのは、翌一九八三年三月に「愛媛県文化の里」事業で、町並み保存地区と本町の一部が「木蝋と白壁の町並」の指定を受け、内子座改修費の半額について県の補助を受けることが決定してからである。

なお、この三ヶ月後となる六月一三日、内子座で行われた「文化の里づくりシンポジウム」において、パネリストであった千葉大学・木原啓吉は、「この内子座を、どのように使うか、ということが大きな宿題である。これをうまく使えばものすごいパワーを発揮するし、これまでの惰性で、使ってきたらうまくいかない。一流の世界的な芸術もここで興行したり、小中学生が利用するとか学芸会や国際会議の学会、町並みゼミもここで数年後にはやれるのではないか。そうすることが内子の良さを全国に知らせる絶好のチャンスになると思う」（『広報うちこ』第六一号）と述べている。内子座を「まちの価値ある公共ホール」として縦横に使用していくという、再興後の道筋がすでに示されていたと言えよう。

一方で、町内にも、内子座復原に対する様々な意見が渦巻いていた。特に内子座が位置する本町にはもともと町民の利用が多い商店が建ち並んでいたが、これらの商店主の中には、必ずしも内子座復原は受け入れられていなかった。そこで、内子町・内山商工会・内子商店街では、一九八四年一月に商店主に対して、三月に商店利用者に対してアンケート調査を行った。商店主回答一五八、利用者回答四二四であったが、「内子座の保存事業を実施していますが、商店街の活性化に役に立つと思いますか」という問いに対して、商店主は「役に立つ」七〇、「役に立たない」七〇、利用者はそれぞれ二五四、一六九で、特に商店主のあいだで内子座保存事業に対する賛否は拮抗していた。「役に立たない」理由を聞くと、「新しい文化会館を建てるべきだ」「むだな事業である」という意見が多く、利用者では、それに加えて、「駐車場にすべきだ」という意見が見られた。

こうした状況の中で復原工事竣工を四ヶ月後に控えた一九八五年五月に「内子座のあり方・使い方を考える住民委員会」が発足し、翌月には要望書をまとめ町長に提出した。その内容は、内子座を町直営にすること、文化財の公開と劇場の運営を両立させること、劇場としての充実を図るため人材を募り基金を設立し設備の充実を行うことなどが骨子となっていた。

もう少し詳しくみると、内子座の基本的位置づけに関しては「内子座の建物をとおして内子の歴史や文化を知るとともに、音楽や演劇等の催し物を実施することによって、町民文化の向上に役立つ拠点施設とする」とした。劇場としては、①町民ホールとして、地元劇団の演劇発表会や県大会、学芸発表会、ピアノ発表会などを実施、②文化的希求を満たす場として、町民の文化の底上げをするために文化庁への働きかけで質の高い興行を打つ、トップアーティストを招く、大学の演劇発表・合宿、コンサート、講演会の実施という大きく分けて二つの役割を提案した。

運営方法としては、町長の諮問機関としての内子座運営委員会を設置し、運営委員会主催の事業を実施、興行団体が事業実施する時には貸館とすることとしているほか、事業がない時は博物館的施設として入場料を徴収して公開するとした。観光施設としては、木蝋資料館上芳我邸と対応する観光施設として位置づけ、上芳我邸から本町商店街、内子座へ至る回遊観光ルートを設定し、観光をより広く充実させること、また、内子座利用者のための駐車場の整備を提言している。

この要望書を受けて、内子町は、一九八五年九月に「内子座設置及び管理に関する条例」を制定した。おおむね要望書の通りの条例であったが、特に内子座に関する資料の収集保管及び展示が付け加わり、劇場に加えて博物館としての側面がはっきりと付与された。

内子座が、劇場と博物館という異なる性格を持つに至ったことは、内子座の価値を、特に希少性の面から高める一方で、こののち、観光施設と劇場利用の相克を生むことにもなった。

運営委員会が要望通り設置された一方、六月に町長が町民二六名に呼びかけ、「備品充実委員会」が結成。定式幕、袖幕、暗幕などの幕類、所作台、金屏風、照明機材などの購入費五三〇万円に関して趣意書を作成し、一世帯当たり五〇〇円の寄付を募った。現物の寄付のほか、一件当たり最高一二三万円の寄付があった。

しかしながら、内子座文化基金の恒常的な設置にはいたらず、運営の経済的基盤の拡充は、現在まで課題となっている。

次節では、実際に役場側から内子座の修復に携わった一人、高本厚美の証言によって、当時の状況を垣間見よう。

〝生きた劇場〟をよみがえらせるために　高本厚美インタビュー

――最初に、内子座が内山商工会から内子町に寄贈された経緯と、その際のご自身の関わりについて教えてください。

高本　商工会は一九六七年から内子座を事務所として使っていたんですが、老朽化にともなって管理が難しくなってきて、持て余してたんです。そこで新しく事務所として使える建物と交換するという条件で、町が引き取ることになりました。

当時私は建設課にいて、一九七五年ごろから役場の中で六人ぐらいのグループを作って町並み保存の勉強を始め、一九七八年ごろからは実際に町並み保存のための修理に関わっていました。ですから内子座を担当したのもその延長でしたね。

――商工会時代の内子座の様子は覚えてらっしゃいますか。

高本　内部は全体的に改造されていたので、現在の姿からは想像できないと思います。両サイドには部屋がありました。二階は映写室。舞台はとりあえずそのままでしたが、観客席はコンクリートの椅子席。柱の上部や手すりもかなり改造されていたと思います。

――町が引き取るにあたっては、当初から「劇場として使うために残す」ということだったと聞いています。

高本　そうですね。やっぱり芝居小屋ですから、そこで芝居をやって、それをたくさんの人で観るということができなければ、残しても意味がないという気持ちは強かったです。

実は当時の内子座は大洲保健所の管轄で、再使用の許可を得ることが難航していましたので、復原後劇場として再び使用することができるよう、半年間ほど保健所に通いました。「建物を凍結して使わなければ朽ち果てる。建物を劇場として活かせば、使い方の継承もできるし、上演環境を工夫することなどから優れた人材育成にも繫がっていく。使わなければ、劇場としての真の価値は生まれない」と、説得し続けたのです。そしたらもう最後は担当者が根負けして「君には出勤簿がいるな」と一枚の再使用の許可書をいただきました。

――修復工事に関しても、単に元に戻すのではなく使えるようにするという意図が記録から窺えます。例えば、創建当時に五つあった桟敷席は復原工事で四つに変更されていますね。

高本　もちろん「元に戻す」が原則ですが、使い続けていくためには単に元に戻すだけでは不十分な点もでてきますから。シャンデリアは創建当時を知る方の記憶を基に復原しました。桟敷席以外で創建当時の姿と違うのは、舞台の後ろの松の絵。あれは現物が残っておらず、元の形は分かりませんが、今ほど大きくなかったという方もいます。天井は当時と同じ格天井で板もそのまま。今の二階の手すりは修理時に繫いで再現しています。釘を抜いた跡がある板は古い板で、ないのは修理時に追加した新しい板です。文化庁の担当者が来られた時に「なぜ檜で修復しなかったのか」と聞かれましたが、内子はもともと松の産地でしたから「元の通り、赤松を使って復原しました」と伝えると、納得していただきました。

――奈落も、創建当時よりは深くなっていますね。

高本　あそこは一九九三年の改修の際、使い勝手を考えて今のかたちにしました。手を加えた箇所に関しては、欅の板に創建当時の様子を記して付けています。使い勝手を考えて残さないと、使い方を忘れてしまい建物を残した意味が半減してしまいます。そこで変更した箇所をしっかり記録した上で、創建当時とは違う姿に改修したんです。

――古い図面を見ると舞台の後側に出っ張りがあり、そこが楽屋だったようですね。

高本　当時はそこに役者さんが住み込み生活しながら興行をしていたようですが、修復以前にすでに取り壊されていて、さらに修復時はそこが都市計画道路になっていたため、復原したくても触ることができませんでした。

――内子座を引き継ぐずいぶん前から町は町並み保存を進めていて、十分な結果も出していたわけですが、そのあたりの絡みは何かありましたか。

高本　実は内子座のある本町も町並み保存地区にしようという動きもあったんですが、住民の合意なしに話を進めようと先走ったため、反発が出て結果的には失敗しました。

あと、一九九〇年に本芳我家、上芳我家、大村家が国の重要文化財に指定を受けましたが、そのタイミングで内子座も一緒にという話もありました。ただいろいろ検討した結果、町の文化財にしておけばとりあえず壊されることはないだろうということで、最終的に候補から外れました。

――修復に関してもですが、その時々で現場レベルの微妙な判断というものがあったわけですね。では最後に、今後の内子座を担っていく町の後輩たちにメッセージをお願いします。

高本　内子座のような文化財を守り、活用していくためには、職員の意識を後世へ繋いでいくことが最も大事だと思います。経済効率だけを追求していては、内子座は守れません。町の文化財をどのように生かしていくのかという文化理念を、先輩から後輩にずっと繋げてほしい。役場は異動があるので同じ部署の人だけでなく、できれば周りの人すべてに伝えてください。

（二〇一三年一二月一七日　内子座にて　インタビュー：徳永高志）

高本厚美
一九四五年、内子町生まれ。一九六五年内子町入庁。一九九一年～二〇〇一年内子町町並保存対策課長、及び同産業振興課長。二〇〇一年～二〇〇四年内子町収入役を歴任。二〇〇五年～二〇〇九年㈱内子フレッシュパークからり代表取締役社長。

痕跡の調査から未来を描く

歴史的な建造物を修復する場合、「復元」ではなく「復原」という言葉が使われる。この二つは一般的な国語辞典などにおいては区別されることなく同一の見出しとして扱われ、「元の状態・位置に戻すこと」という意味を持つ。しかし文化財保存の分野において、復元とは失われてしまったものをかつての姿どおりに再現することを意味し、復原は改造されたり変化してしまったものを元の姿に戻すことを意味する。例えば、二〇一二年に完成した東京駅の修復工事は「復原」であり、一九六八年に解体された建物を再現した「三菱一号館」は「復元」とされている。時代を経て修復をくり返しながら使われてきた建物を復原または復元する際、どの時代の姿に戻すかがしばしば問題となる。東京駅の場合、建設された一九一四年の姿に戻すのか、それとも空爆で破壊された後に修復した一九四七年の姿にするかが議論となった。これは城や寺社仏閣のように、火事で消失しつつも、同じ場所で何度も建てられてきた場合などで特に議論される。また、元の姿が正しく把握できないまま工事が行われてしまい、歴史上存在しなかった姿にしてしまったり、逆に元に戻すどころか文化の形跡を破壊するようなことにならないかが課題となることもある。

内子座の場合、もちろん「復原」を目指すことになったわけだが、単に「元に戻す」と言ってもなかなか一筋縄ではいかなかった。というのも創建当初からほぼ手付かずのまま残されていた外観とは裏腹に、内部に関しては大規模な改造が加えられ、原形を大きく損なっていたからである。

改造は、大きく二度行われていた。一度目は一九五〇年代初頭。当時全盛期だった映画の上映に対応するべく、二階に映写室が設けられ、また桟敷が椅子席に変更されていた。二度目は一九六七年。劇場から商工会館への用途変更に当たって、客席西側に大広間、東側に事務所が設けられ、また舞台も前面から廻り舞台にまでおよぶ約一・八メートルが切り取られるように撤去されていた。よって、復元工事はおのずと大掛かりにならざるを得なかった。

また、元に戻すにも原型が分からないという箇所もあった。例えば、天井に関しては、そもそも二階客席部分より上部の写真が一枚も発見されなかったため（二〇一五年時点においても見つかってはいない）、当時を知る人々の記憶に頼るしかなかった。二重に折り上げられ特徴的な格天井こそ創建時のまま残っていたが、アクセントだったシャンデリアは失われていた。また二階広告看板に関しても撤去されていて、劣化が激しい状態で見つかったが、さいわいにも墨あとが残存していたために忠実な再現が可能となった。

また、一階舞台奥の楽屋もすでに取り払われていて、具体的な痕跡は外部壁面に残されるのみだった。一九二〇年前後に制作された図面には楽屋が描かれているが、創建時の外観写真には楽屋らしきものは存在しない。おそらく興行を実施していく過程で増築されたのではないかと推測される。復元後の内子座を見ると、最初から高度に設計されたゆるぎない劇場であったかのように考えがちだが、実はそうではなく、むしろその時々で利用しやすいかたちに変化してきたことが窺える。

さらに、こうした元に戻すことそのものの難しさに加え、劇場として実用に耐えうることも求められていた。高本厚美の発言の大洲保健所のくだりにもあるように、単に建物だけを修復し残しても、空間が使われなければやがてまた朽ち果ててしまうのではないかと懸念されていたのだ。逆を言えば、劇場としての内子座を守り受け継いでいくためには、いわゆる文化財化だけでは不十分で、同時に使われ続けていくことが不可欠だと考えられたわけである。

このような諸条件を踏まえた上で、内子座の復原は、芝居小屋としての機能を回復することを第一義に目指されることとなった。具体的には、一階客席を枡席に戻すこと、廻り舞台を含む舞台・花道・奈落の復旧、木戸や下足預かり場などの復旧、取り払われていた階段などの復原などである。さらにその上で、現代の劇場として生かすための様々な工夫が施された。奈落は、舞台下において人力で回していたものを電動に改変した。あくまで廻り舞台を使用することを前提として手を入れたわけである。客席中央平栈敷部分の枡席は、もともと縦一〇列横一〇列一〇〇枡であったが、現代人の体格を配慮し、縦八列横八列六四枡に変更された。従来通りの縦一〇列横一〇列にすべきだとの声もあったようだが、これに関しても結果的には使い勝手を優先した。

また、現代でも使用に耐えうる使いやすい劇場を目指したことは、音響や照明などの装置を吊り下げる棚(葡萄棚)を鉄骨製トラスで作成したことにも現れている。木造の芝居小屋の場合、棚は竹組のものが使われるのが通常だが、鉄骨製トラスにすることで二トンまでの荷重にも耐えられるようになった。なおこの棚は、上部の小屋組みに負担がかからないよう、大きな柱で支持されるように工夫されているが、独立した構造になっているわけではない。

当時、戦前の芝居小屋の復原の事例は、一九七六年竣工の金毘羅大芝居の移築復元工事たった一件だった。経験やノウハウがほとんどない状況下で、復原の原則と劇場の利便性のバランスを保ちつつ、試行錯誤しながら新しい内子座のあるべきかたちを選びとり、改修を進めていたことが分かる。

なお、一九八五年五月一四日、まさに復原工事が行われている最中に行われた「内子座のあり方・使い方を考える住民委員会」の第一回会合では、将来的に文化財としての制約を受けることになるのではないかという懸念の声が上がっている。それに対し町の担当者は、例え将来国の重要文化財に指定されようとも、劇場として使用できるような状況を作り出したい、具体的には文化財としての保存を行うとともに高度な演劇上演の場として使用できる設備などを付加させていく、と答えている。また、将来的に文化財の解釈が変化していく、という見通しも語っている。ここでいう「変化」とは、従来の静的な博物館的な保存優先の考え方から、その施設に見合った利用の継続が可能になるような保存への変化を意味していた。

一九八五年の改修は、一九一六年の内子座の原型を当時の水準でできうる限り大切にしながら、一方で、町民との約束でもある現役の劇場として機能させることに留意した復原であったと言えるだろう。

九三年、九五年の改修

現役の劇場としての使いやすさを優先するという考え方は、後の一九九三年、一九九五年に実施された改修にも端的に表れている。

一九九三年の改修では、七〇センチ程度しかなかった奈落の深さを約二メートルまで拡張している。また、廻り舞台下やスッポン（花道に設けられる、役者が登場するための穴）部分から外の庭に繋がっていた奈落を、八千代座や金毘羅大芝居と同様に花道下を通って南側（木戸側）まで繋げ、合わせて鳥屋口《とやぐち》を新設した。さらに、舞台上の迫《せり》も整備された。これは一九九〇年に実施された「花形歌舞伎」（中村富十郎らが出演）の際に役者や松竹から出た要望を反映したものだという。しかし、もともと内子座においては、歌舞伎の公演はわずかしか行われておらず、むしろ人形浄瑠璃が盛んに行われていたのであり、それに見合った舞台機構を持っていたのである。八千代座や金毘羅大芝居のような一回り大きな芝居小屋と同様の機構に改修されたことは、やはりその後も大規模な歌舞伎公演があまり行われなかったことを考えると、果たして正しい選択であったか評価の分かれるところである。

また一九九五年の改修においては、秋の国立文楽公演（通称「内子座文楽」）の第一回の開催に際して、搬入口を拡大し、仮設義太夫席の設置を容易にするなどの改修が実施された。

さらに二〇〇一年には、かねてよりの課題であった冷暖房設備が完成し、客席の快適性が増した。

こうした、大規模興行をきっかけに繰り返される改修によって、地元劇団をはじめとする利用者の利便性が増す一方、内子座創建当時の姿と現代において使いやすい劇場との相克もあらわになっていったと言える。

創建当時の改修に向けて

内子座は、現在も痕跡調査を継続的に行っている。すでに記録がある楽屋や奈落はもちろん、舞台袖二階部分、木戸口まわり、鳥屋、花道、仮花道、桟敷傾斜、株主入口向う桟敷（客席二階正面部分）などである。花道や仮花道、桟敷は改修時は失われていたので、花道の幅、仮花道の正確な位置、桟敷の傾斜度合は分からない。

近年の痕跡調査で判明した重要なこととして、向こう桟敷が枡席であった点がある。近世以来、芝居小屋では、劇場の所有者や経営者は、客席上手（客席から舞台に向かって右側）に陣取るのが通常であり（内子座の場合は一階、金毘羅大芝居の場合は二階）、これは花道で見えを切る役が一番よく見える場所であるからと言われている。ついで、上席とされたのは一階平土間部分で、第1章でも述べたように、これらの席は枡席として二〇世紀初頭くらいまで一枡単位で販売されていた。一階後方や二階は「追い込み」と言われ、混雑した場合に詰め込みやすいように枡の仕切りなどは設けられなかった。内子座の場合、最初から二階正面前列が「枡席」＝上席としたことは、従来の歌舞伎劇場とは異なり、正面性が重要視される西洋演劇とそれに影響された新演劇（新派や新劇）、それに映画上映を、創建当時から意識した劇場であった証左であろう。一見、近世以来の劇場に由来する伝統的な劇場と考えられがちな内子座が、二〇世紀の地方の「新しい劇場」の始まりを示していたのである。

また、客席上手（東側）の株主入口と考えられている場所に関しては、古写真では茶子（客席案内係）がいるほか、荷物棚と思われる設備があり、通常木戸口（劇場正面、南側）にある荷物棚や下足場が、もう一つあった可能性がある。一方、他の古い劇場で劇場経営者が正面以外の場所から入場する例がなく、今後の詳細な調査が望まれる。

今後は、二〇一五年七月に国の重要文化財に指定されたのを機に、大規模な文化財改修を控えているとともに、近いうちに予想されている南海大地震へ備えるための耐震化を行う必要がある。どの時期の姿に戻すのか、痕跡調査の結果をどれくらい盛り込むのか、あらためて検討されるべきであろう。またそれと同時に、現在町民をはじめとする幅広い人々に愛され利用されている状況をどのように考え、盛り込んでいくのかも大きな課題だ。町民と行政、それに文化財の専門家が議論を積み重ねながら、内子座ならではの解決策を粘り強く模索していく必要があるだろう。

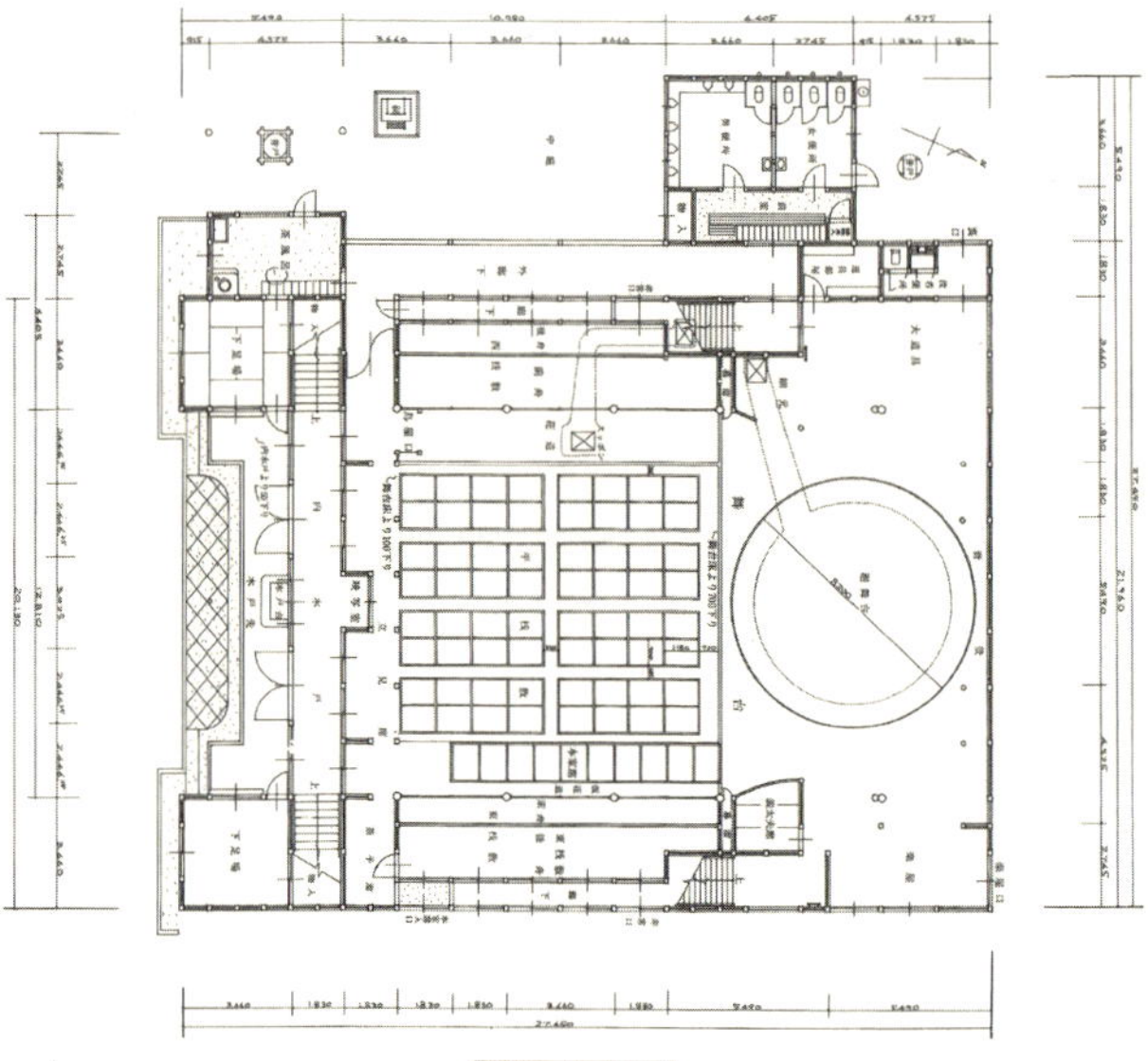

現状１階平面図

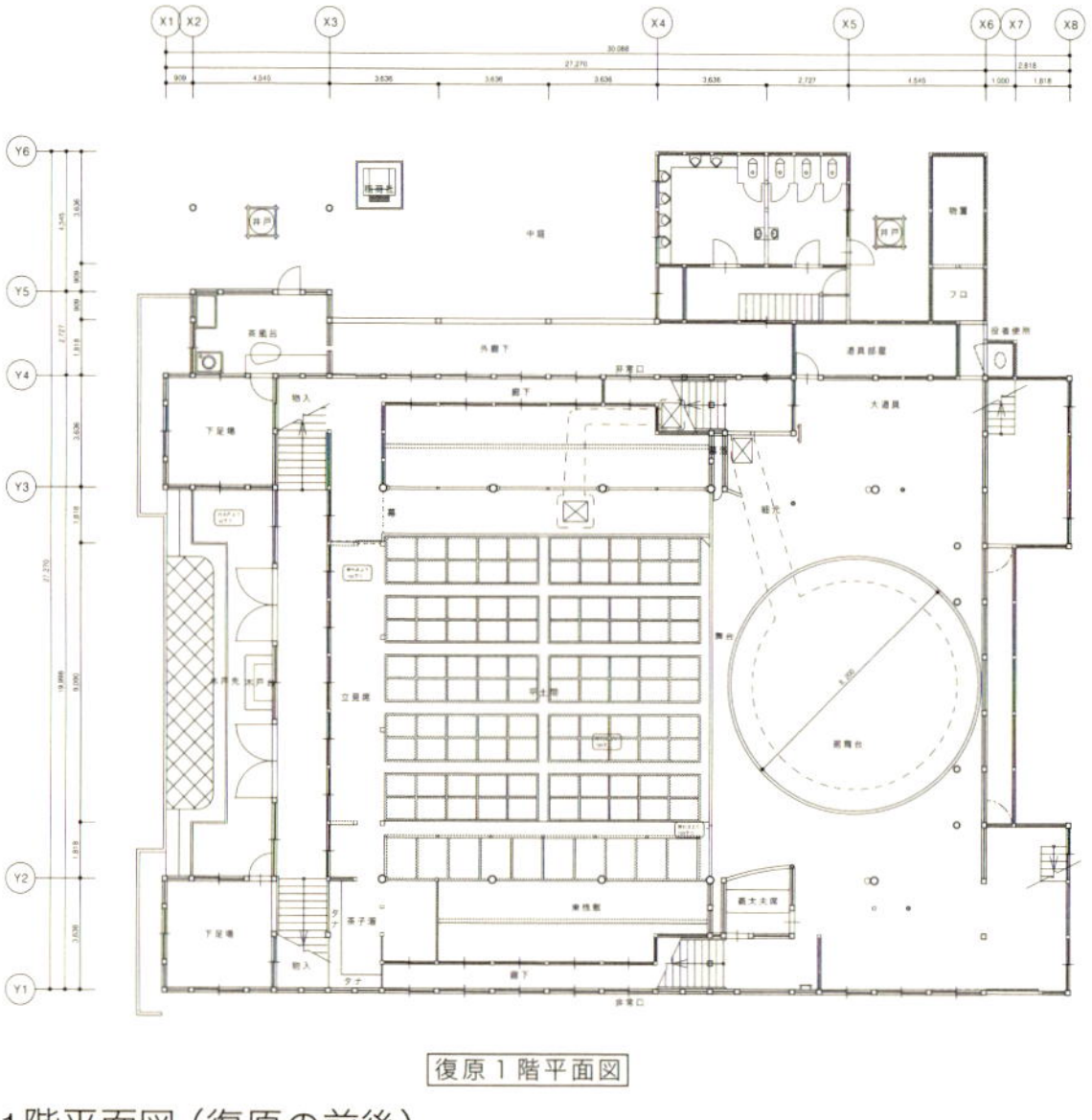

復原１階平面図

1階平面図（復原の前後）

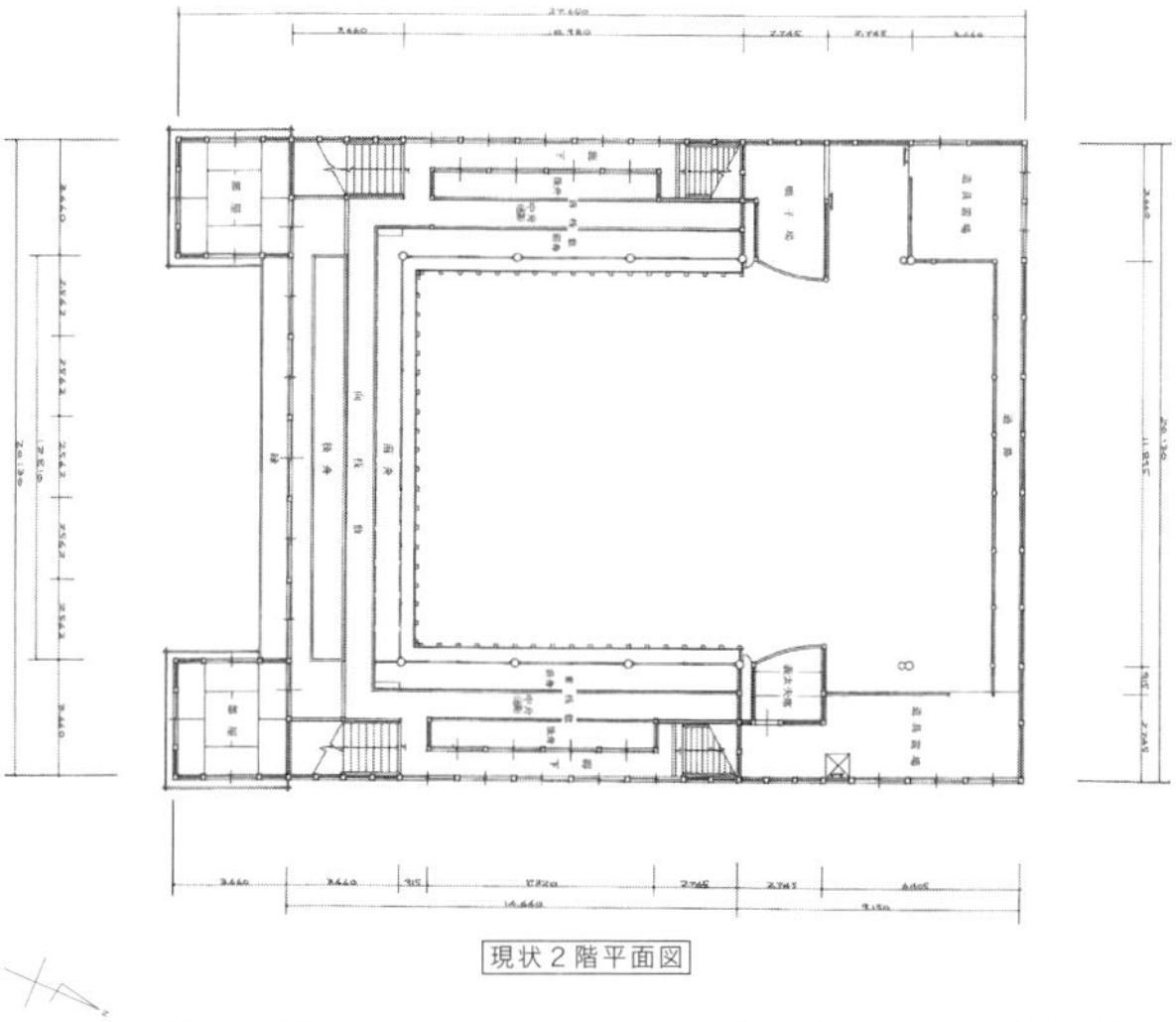

現状２階平面図

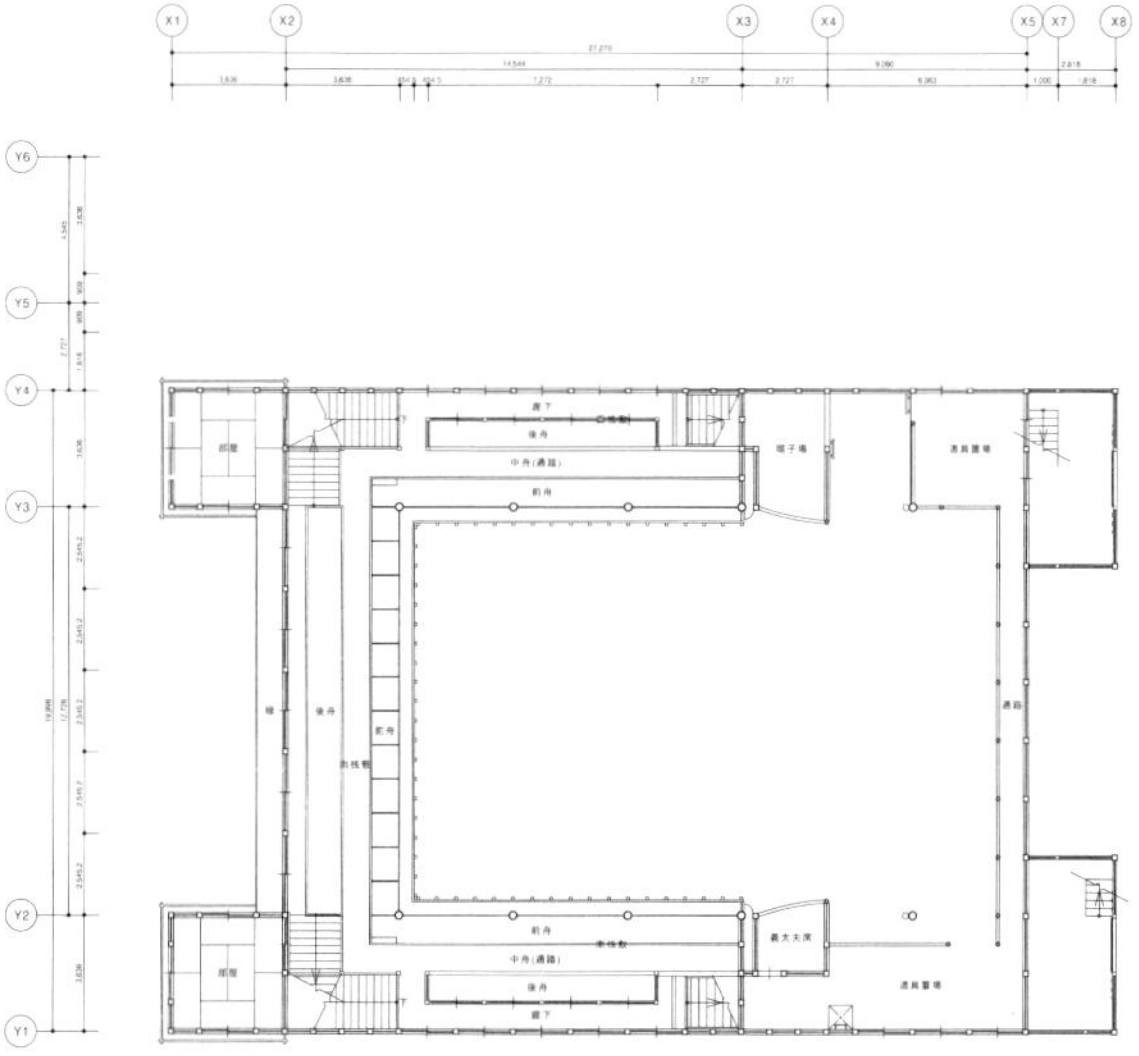

復原２階平面図

2階平面図（復原の前後）

論考1　内子座の建築物としての文化財的価値

江面嗣人

内子座の建物

内子座は、歌舞伎が行える芝居小屋として建てられ、主屋は舞台と観客席及び、その正面の東西両袖に付属する二棟の櫓状の建物によって主として構成され、一部に洋風意匠を見せるが、全体として伝統的な和風意匠を基調として建つ。主屋の南側正面に車寄せを付属し、西側に茶風呂部屋（炊事場）、便所や通路などを付属する。建物の西側に庭を設け、その一角に一間社流造の稲荷社を建てる。(※1)

主屋は桁行二三・七九メートル（一三間）、梁間二〇・一三メートル（一一間）で、木造平屋建、一部二階建とし、入母屋造、桟瓦葺、妻入で、一階正面の車寄せは中央に木戸台を置き、銅板葺きの大庇とする。正面中央に軒唐破風を付け、二階に持ち出しの手摺りを廻す。大棟のやや前方寄りに入母屋造の太鼓櫓を載せ、屋根に洋風意匠の避雷針を立てる。大棟ほぼ中央に換気用の越屋根を設け、妻面は漆喰塗り仕上げとし、中央に「登り藤に内の字」のレリーフを付ける。

主屋内部は主に南側の観客席と北側の舞台によって構成される。舞台は、中央に直径八・二メートルの廻舞台を設け、上手（東側）の北東隅の一角に楽屋を設け、下手（西側）の西面に道具部屋と役者便所を南北に配した下屋を付属する。上手の大臣柱脇にはちょぼ床の義太夫席を置き、下手の見付柱に黒簾の囃子場を設ける。舞台二階の後部東西に道具置き場を設け、背面に設置された通路で結ぶ。舞台上部は竹材および後補の鉄材を組んだぶどう棚とする。

観客席は、舞台正面の西端から南の客席に向かって花道を通し、同東端からは仮花道を通す。花道南北七三の位置にスッポンを設け、花道南端に後年増設された鳥屋を設け、花道側を鳥屋口とする。舞台下手に奈落に降りる階段を設け、奈落は地下通路で廻舞台の下部に通じ、現在は花道の下を通った地下通路によって鳥屋に通じる。この地下通路は当初は人の通れる高さが無く、また、舞台と鳥屋を繋ぐものではなかったが、歌舞伎の上演のために平成五年の第二期修復工事にともなって増設された。

客席は、やや舞台側に傾斜した一階中央の床に、枡で仕切った平桟敷を設け、この上手に本家席を設ける。これらの東西に、平桟敷よりやや床を高くして西桟敷、東桟敷を設け、東西の桟敷は更に前後に分けられ前舟、後舟とされる。平桟敷南側（後方）には追込みと呼ばれる立ち見席が配され、客席南東隅には茶子溜を設ける。東西の桟敷の外側には外部からの光を遮断するためと考えられる狭い通路が設けられ、西側通路の更に西側には吹き放ちの一間幅の外廊下が付属する。二階は、一階の平桟敷上部を広い吹抜とし、吹抜東西にそれぞれ西桟敷、東桟敷が設けられ、それぞれの桟敷南北に階段を付属し、吹抜後方を向桟敷とする。それぞれの桟敷は前舟、後舟に分けられる。吹抜上部は二重折上げ格天井とし、その他は竿縁天井とする。

観客席の南側には横長の内木戸が設けられ、内木戸南北両面を引違戸で間仕切り、南面は正面の車寄せに通じ、東西両端に二階桟敷席への階段を設ける。

正面の東西二棟の櫓状の建物は、一階を主として下足場として使い、桁行および梁間共に三・六六メートル（二間）とし、切妻造、桟瓦葺で、妻を正面に向け、真壁造で、外壁を白漆喰塗りとする。一階を下足室とし、二階に八畳間を設ける。両建物の二階部分には、背面を除く三方に手摺りを廻す。

西側の下足場西側の茶風呂は、桁行四・五七メートル（二

写真1　内子座正面（修理前）

間半）、梁間二・七五メートル（一間半）とし、平屋建で、西側を寄せ棟造、桟瓦葺とし、東面を下足場に接する。西側の外廊下西面北寄りに付属する便所は、桁行五・四九メートル（三間）、梁間六・四一メートル（三間半）で、平屋建、西側切妻造、桟瓦葺で、東面を主屋に接する。

写真2　内子座内部（修理前）

設立及びその後の経緯

内子は、江戸時代後期より和紙や木蝋《もくろう》の生産が盛んで、幕末には晒蝋《さらしろう》を大量生産する技術によって全国に名を知られ、明治時代には製蝋業および製糸業によって繁栄した在郷町である。都市の魅力は、近世および近代を通じて、経済が中心であったことは間違いないが、文化や教育が求められるのと同時に娯楽もその一つであったと考えられる。当時の庶民の娯楽の中心は時折興行される芝居を楽しむことであり、内子においても、藩政時代に芝居興行が度々行われた記録が残る。常設の小屋が造られていない時代には神社の境内などが使われていたが、一九一五（大正四）年には内子の上町に魁座と呼ばれる劇場が開業している。魁座についてはその規模や建設の経緯など詳しい内容は分かっていないが[※2]、この頃に内子において芝居興行に対する庶民の願望は決して小さなものでなかったことは明らかである。全国的には大正時代に入る頃から地域の劇場が急増したと言われ、内子においてもこの頃に劇場の建設に大きな期待があったことは想像に難くない。内子座は、建設の経緯からみても、そのような庶民の娯楽を望む声に応えるかたちで建設されたと考えられる。

一九一四（大正三）年には、内子町の中田鹿太郎を含む有志一八名が発起人となり、会社組織「株式会社内子座」を設立し、株式の募集を開始したと伝えられ、同年一一月には設計が松山市木屋町の長曽雄熹に依頼され、設計費の内金五〇〇円が支払われている。一九一五（大正四）年四月一五日には愛媛県知事から劇場建築許可が下り、同年六月に設計書及び仕様書が完成した[※3]。同年七月四日には、中田を含む一般の町民一七名が発起人となり「大典記念株式会社内子座」の設立総会が開催され、株数二五〇株、資本金五千円で株式会社が設立され、内子座の建設が開始された。同年七月一六日には工事の入札が行われ、大工工事および基礎工事などを大洲の西岡暹、左官工事を内子の米岡光治郎、瓦と屋根工事を大洲の原千代吉がそれぞれ落札して工事を請け負った。請負契約書には、①舞台および観覧席、②付属下足預かり場、③付属車寄、④付属便所・通路・役者便所・倉庫、⑤茶風呂部屋、⑥付属観客用便所、が確認でき、それぞれの規模も記載される。しかし、楽屋については記載が無く、竣工後に増築されたと考えられる[※4]。

工事は一九一五（大正四）年八月二日に起工され、当初の計画からやや遅れて一九一六（同五）年二月一八日に上棟式が行われ、同年同月二一日に落成式が行われた。小屋内に棟札が二枚残り、内一枚に「大正五年二月二十一日　大典記念株式会社内子座建築　落成式執行」とあり、もう一枚には発起人や棟梁西岡暹を筆頭にして、大工四名、左官二名、瓦師一名の職人の名が確認できる。翌日には柿落しの興行が行われ、淡路の吉田傳治郎一座によって、当時内子では人気の高かった人形浄瑠璃が演じられた。

一九二〇（大正九）年には社名を「株式会社内子座」と変更し、その後、一九五二（昭和二七）年頃に映画館への改築が行われ[※5]、主に次のような改造がなされた。

①平桟敷の枡席を椅子席に変更
②二階向桟敷に映写室と請負室を設置[※6]
③舞台の背景を取り除き映写幕に変更

④木戸先内外の内法高を変更し、建具を新調
⑤炊事場の北通路に接して売店を新設

一九六七（昭和四二）年には内山商工会が株式会社内子座から建物を購入し、内山商工会館として使うために改築が行われ、主に次のような改造がなされた（写真1）。

①主屋背後の楽屋および庇を撤去
②一階に事務室、応接室、小会議室、会議室、和室を設置
③そのために東櫓北側の間仕切、東階段を撤去、桟敷と廊下間の柱、間仕切も撤去

その後、一階西桟敷は四二畳の畳敷きに改造され、中央の平桟敷は固定椅子の客席に変更され、二階の向桟敷の前方に鉄骨が渡され、観客用の席が増設された（写真2）。一九八二（昭和五七）年には内子座の建物が内山商工会から内子町に寄贈され、同年に内子町有形文化財に指定され、保護の措置がとられた。一九八三（昭和五八）年から一九八五（昭和六〇）年にかけて復原修復事業が行われ、一九九三（平成五）年および一九九五（同七）年には活用のための簡単な改修が行われ、今日に至る[※7]。

内子座の特徴

国の重要文化財に指定されている芝居小屋に内子座を加えると以下のようになる。

旧金比羅大芝居　天保六(一八三五)年　香川県中多度郡琴平町
旧呉服座　明治二五(一八九二)年　愛知県犬山市
旧広瀬座　明治四〇(一九〇七)年　福島県福島市
八千代座　明治四三(一九一〇)年　熊本県山鹿市
康楽館　明治四三(一九一〇)年　秋田県鹿角郡小坂町
内子座　大正五(一九一六)年　愛媛県喜多郡内子町

これらを概観すると、以下のように考えられる。正面意匠などについてその計画手法を考えると、八千代座までは、妻入りの大きな小屋の前面や周囲に下屋を付けた形式であると考えられ、正面をやや側面と異なった形式とすることもあるが、特に際立った意匠性を認めることはできない[※8]。八千代座も現在は正面両脇に櫓状の建物を付属するが、当初はこれらの櫓状の建物は無く、これらは一九二〇（大正九）年の増築であり、すなわち一九二〇（大正九）年になっ

て正面を強調した意匠に整えられたことが分かる。[※9]

また、八千代座以前の芝居小屋は、建築の設計業務を専門に行う者が担当したのではなく、いわゆる地元の大工などによって計画され建てられたと考えられる。それに対して、康楽館は営繕を専門とする者が設計しており、その正面意匠や外観を見ても洋風を意識して設計されたと考えられる。内部は伝統的な和風の芝居小屋であり、いわゆる和洋折衷の様式によって建てられたと考えられるが、いずれにしても、いわゆる地方の建築家が設計したものと考えられる。[※10]

日本における擬洋風建築は東京などの大都市では明治初期にその多くが造られ、明治後期には大学を卒業した建築家によって正当な洋風建築が造られるようになったことはよく知られているが、地方においては、大正期まで盛んに擬洋風建築が造られていたこともよく指摘されている。[※11]

内子座は先に記したように、松山市の長曽雄熹に設計が依頼されたが、残念ながら長曽の詳しい人物像は明らかでない。しかし、依頼主の中心的存在である中田鹿太郎との設計についてのやり取りなどから考えて、長曽が建築の設計を専門とする者であり、内子座は康楽館と同様の建築設計を専門とする者による設計であると考えられる。すなわち、内子座は大正期におけるいわば地方の建築家による設計例と考えることができる。建築意匠の面から考えても、八千代座以前の芝居小屋のデザインと康楽館、内子座のそれとは大きく異なり、康楽館や内子座は明らかに設計において正面性を意識したデザインであることを確認でき、建築における地方の建築設計の専門家（建築家）の考えた意匠性を認めることができよう。すなわち内子座は大正期における地方の建築家によって設計された芝居小屋の例であり、伝統的な和風意匠を基調としながら、正面性を強く意識した建築設計という新たな近代的要素を認めることができ、近代和風建築の好例として評価できる。

また、内子座は、建築の発達の面から考えても、近代の要素が多数存在することが注目される。すなわち小屋組は近代になって使われ始めたキングポストトラス構造が使われ、周囲の窓には引き違いのガラス戸が多用され、ガラス板という近代の建築に多用された建築材料が多く使用されている。また、基礎には布基礎コンクリートが、床下換気口には鋳鉄製の仕切りが使われ、避雷針や正面の大庇両端の組み桁、軒先の電灯器具などは鉄製であるとともに、曲線を強調する近代的意匠が使われている。室内には電灯が使われ、観客席の天井中央にはシャンデリアが下がっていたとの伝聞も確認されている。[※12]また、室内環境にも配慮したと考えられ、屋根には換気のための越屋根が付けられ、これも近代になってから強く意識されるようになった建築環境を考慮したものと考えることができる。このように内子座は近代の材料や設備、室内環境の考え方が積極的に使われ、近代の建築としての特徴を見せる。

内子座設立の経緯からも、地方の芝居小屋としての内子座の特徴が見え、貴重である。先に記したように、内子座の建設は、建設の資金を株式によって町民から集め、民間による出資で建設が行われている。特に、その出資は株式会社の設立という近代的な経営手法が使われたことは内子座建設の特徴の一つと言ってよいだろう。内子座という芝居小屋の設立と運営が、個人によって行われたのではなく、少額の株を分配することによって住民を中心とする株主を募って行われ、運営されたことは、地方都市における近代的経営手法による芝居小屋運営の萌芽として注目され、内子座の持つ特徴の一つとして挙げてよいだろう。

規模についても地方的な特徴を見出せよう。内子座の全体規模は旧金比羅大芝居や八千代座に比較して一回り小さい。後に記すように、奈落の規模についても、これら二棟の芝居小屋と比較して小規模である。内子座の奈落の規模は、廻舞台とスッポンに至る地下通路をそれぞれ独立に設けるもので、小規模である。内子座は規模の大きな芝居小屋ではなく、地方の中小規模の芝居小屋の一つとしてその特徴を見せ、貴重であると考えられる。

また、特に重要であると考えられたのは、二階の客席である枡に仕切りがあった点である(写真3)。痕跡によって、二階の上手の桟敷については枡の仕切りがなく、向桟敷には仕切りが設けられていたことが確認できた。この特徴は、先の指定物件と比較して内子座の際立った特徴の一つであると考えられ、注目される。すなわち、江戸時代の形式を引き継ぐ歌舞伎の芝居小屋では、舞台中央と花道やスッポンを、大きく首を振ることなく、無理なく眺められる位置が最上級の席であり、通常は上桟敷がこれに当たり、上手桟敷には常設的に枡が切られているのが一般的である。それに対して、向桟敷は花道を背後から見ることになり、時には役者の後ろ姿しか見ることができないため、上手の桟敷より質の落ちる席となる。内子座では、この枡の切り方から考えて、向桟敷の優位性を強調する造りとなっていることが分かる。この点は近世の芝居小屋から近代及び現代の劇場への発展形式から考えて、新たに見られるようになった近代的な形式の一つと考えられ[※13]、内子座はその発展過程にある顕著な特徴を示していると言える。

座席の持つ形式の特徴から考えて、内子座では舞台の観賞における正面性が強調され、当時演じられていた演目が花道を使う歌舞伎だけでなく、映画や近代的な芝居、講演会など、現代の劇場のような正面からの観賞を意識した造りになっていると考えることができる。これまで江戸以来の伝統的な芝居小屋は明治以降に徐々にその性格を変化させ、劇場の形式へと変化したと言われ、地方都市では文化会館の性格を帯びていったことが指摘されているが、内子座の桟敷席の正面性を強調する特徴は、まさにその変化の過渡的な状況を示す具体的な例として注目される。明治末期から大正期にかけて、芝居の合間に映像を入れる上演方法も使われるようになり、昭和になると活動写真（映画）の人気が高まったことも指摘されるが、このような観賞内容の変化が伝統的な芝居小屋の空間構成も変えていくことになったと考えられ、内子座の持つ特徴はその変化の過渡

写真3　内子座大向枡仕切りの痕跡

的な具体例として極めて注目される。

建築の残存状況

二〇一四（平成二六）年度に内子町の内部資料として作られた報告書の作成に当たって、内子座建築当初の復原図の作成を行うために再度、建築調査を行い、その痕跡などの確認を行った。その結果以下のことが判明した。(※14)

当初材の残存状況は全体として良好であり、二階および垂木以下の小屋組の材はほぼ完全に当初材の残存が確認できる。一階は、これまでの使用目的の変更にともなう改築などによって失われた材もあるが、軸部材の保存状況は良く、後世の改造で失われた部分についても、痕跡や古写真、古図面などから復原が可能である。特に観客席の桟敷の割り付け、花道の幅や仮花道の位置などについても今回の調査で建築当初の形式が復原できた。

一九九三（平成五）年の第二期修復工事にともなって、地下の石垣を撤去してコンクリート造の奈落に変更したが、改修前及び改修後の大量の写真が残り、改修前の状況が確認でき、元の昇降口が残るなど、地下室の通路についても

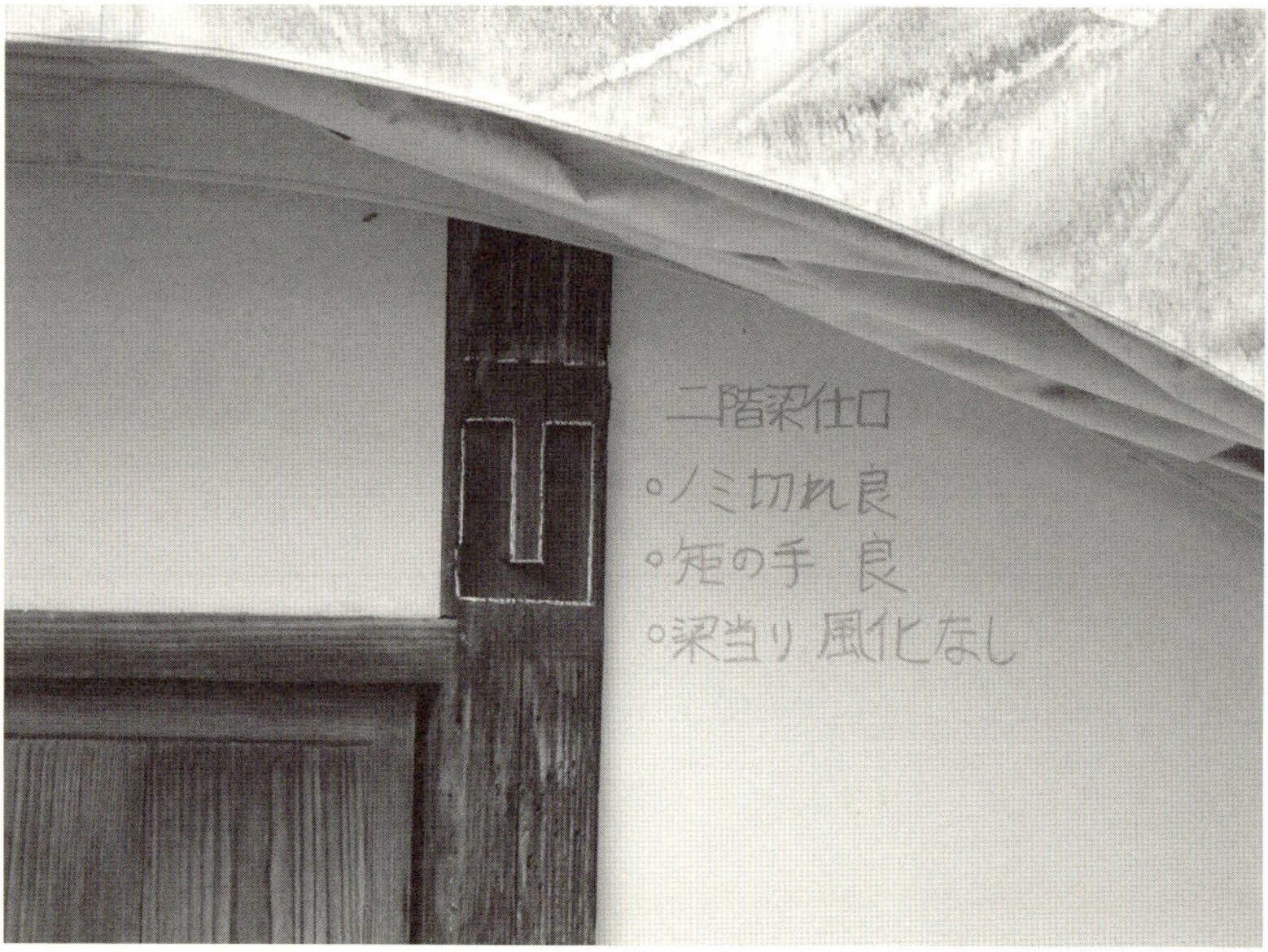

写真4　内子座楽屋痕跡

復原が可能である。内子座の地下室の通路などは、旧金比羅大芝居や八千代座などに一般に見られる花道下の長い地下通路が無く、廻舞台を操作する奈落と舞台網元近くにある昇降口を繋いだ短い通路と、花道南北のほぼ中央に設けられたスッポンと舞台南西に位置する階段の下にある昇降口を結ぶ短い地下通路があるだけで、極めて最小限の地下通路であることが特徴である。内子座では花道を下がった役者は地下通路ではなく、下手の廊下を走って舞台の袖に戻ったと考えられる。このような例は兵庫県出石の芝居小屋である当初の永楽館にも認められ、地方の中小規模の芝居小屋に採用された簡易的な形式であったと考えられ、先に指摘したように内子座の特徴の一つと考えられる。

古図面に確認されて、現在は撤去されていた背面の楽屋についても、痕跡でその存在および規模、形式を確認することができた(写真4)。背面両端に付属したそれぞれの楽屋は、痕跡により、両端の繫梁を主屋桁高さに納め、室内に位置する梁は登梁の形式にしていたことが分かる。また、両楽屋の中間は二階に垂木掛けの痕跡が無く、一階の梁に直接釘を打って止めた小さな釘穴が確認され、小規模な通路が付いていたと考えられる。この中央を通路とした理由は、敷地形状によると考えられ、また、楽屋の建設は主屋の竣工後であったことが判明した。[※15]

内子座保護の体制

先に簡単にふれたように、一九八二(昭和五七)年九月一六日には、建物の老朽化が進み、その管理の必要性から、内子座は、建物のみが内子町に寄付され、一九八二(昭和五七)年九月二九日に、内子町文化財保護審議会の決議を経て、内子町有形文化財に指定され、一九八三(昭和五八)年から一九八五(同六〇)年にかけて保存修復工事が行われた。内子町ではこの他に、重要文化財本芳我家住宅、同上芳我家住宅、同大村家住宅の保存修理工事も二〇〇三(平成一五)年から二〇一二(同二四)年にかけて完了し、町内文化財の整備を積極的に行ってきた。

内子座の活用についても努力し、これまでに、歌舞伎は勿論であるが、演劇会、音楽会、映画会、講演会などが実施され、年間七〇回から八〇回の使用がなされ、町民に愛される芝居小屋となり、文化財の活用としても望ましい状況が見られる。

文化財としての価値

内子座は、残存する棟札より一九一六（大正五）年の建築であることが明らかであり、また、残された記録などから、その建築の経緯やその後の変遷が明らかで、文化財として最も基本的な要件を備えている。

また、伝統的な和風の意匠を基本とする芝居小屋であるが、キングポストトラスの採用など近代の構造形式が使われ、ガラス板や鉄材、コンクリートの採用などに近代の建築材料が多く使われているのが認められ、避雷針や正面の組み桁などの曲線を多用したデザインなどに近代的意匠が認められ、近代和風建築の特徴を備えていると考えられる。これらの近代を象徴する技法や材料の採用は勿論であるが、設計はいわゆる地方の建築家によって行われ、そこには正面意匠を強調するデザイン性が明確に認められ、近世から近代への芝居小屋の意匠的な変化を顕著に示す。また、向桟敷の枡仕切りの存在など、舞台鑑賞における正面性の重視についても近代劇場への移行における萌芽が認められ、近代劇場へ変化する過渡的な遺構として、文化財としての価値が高いと判断される。

また、内子座の建築および運営に関わる多くの記録文書が残され、これらも内子座の経歴を示す史料として価値があると考えられる。さらに、文化財の価値の評価とは別であるが、これまで内子町および町民の協力によって内子座を一九八三（昭和五八）年より修理復原し、歌舞伎興行などを積極的に誘致し、内子座を活用しようとする努力が長きにわたって行われてきたことも高く評価される。

※1　敷地は間口約二九・三メートル、奥行約三三・四メートルの長方形で、面積は一〇〇九・九一平方メートル（三〇五・七三坪）とする。

※2　内子座の完成以降、二つの芝居小屋の競合による共倒れが危惧されたが、協議によって魁座の建物は大洲の大正館に売却された（『中豫新聞』一九一七〔大正六〕年一二月一日参照）。

※3　正面意匠などは、一九一三（大正二）年に建て替えられたと考えられる松山市新栄座に酷似しており、設計に当たってはこの建物を参考にしたと伝えられている（写真5）。新栄座については詳しい内容が不明であるが、一八八七（明治二〇）年に新築開業したとされる（『愛媛県百科大事典』上巻、愛媛新聞社、一九八五年）。一部、一九一三（大正二）に改築されたとする文献

写真5　新栄座（松山市大街道）愛媛県歴史文化博物館提供（山内一郎氏所蔵）

もあるが（『ふるさと愛媛学』調査報告書、愛媛県教育委員会、二〇一二年）、明治期と大正期に撮られたと推定される二枚の写真を比較すると、正面の梁間や意匠が大きく異なり、建て替えられたと考えられる。

※4　主屋背後には痕跡調査から二階建ての下屋があったことが分かり、これが楽屋であったと考えられるが、竣工直後の写真とされる内子座竣工散餅の写真には下屋の屋根が写っていない。従って、楽屋は竣工後に建設されたものと考えられる。また、『芝居小屋 内子座 八〇の年輪』（内子町発行、一九九五年）一三八頁には内子座の当初の復原図が描かれるが、北側の敷地境の際まで楽屋が建っており、敷地に余裕が無く、この点も後の増築の可能性を示す。また、東西の楽屋が離れて、間を通路で結んでいるのも、楽屋を必要最小限の面積としたとも考えられるが、隣地の敷地が内子座側に突出しており、敷地形状によってこのような形状をとったものであることが分かる。

※5　一三五ページ、論考2参照。

※6　『芝居小屋 内子座 八〇の年輪』では請負室とするが、原本を見ると清□室とも読める。別の名称の可能性がある。

※7　内子座竣工後のこれらの経緯については『芝居小屋 内子座 八〇の年輪』に詳しいので省略して記した。

※8　このほか、下記の芝居小屋についても同様で、正面意匠を強調するなどの際だった設計手法を認めることはできない。

白雲座　明治二三年（一八九〇）岐阜県益田郡下呂町 重要有形民俗文化財

永楽館　明治三四年（一九〇一）兵庫県豊岡市出石町　豊岡市指定文化財

※9　この点は、芝居小屋の発展過程から考えて、重要な意味を持つと考えられる。八千代座における正面意匠の変更は、八千代座の建設された明治後期までは、正面意匠をそれほど重視しない建築思想によって芝居小屋が建てられてきたが、改造のあった大正時代になって、芝居小屋が正面意匠という建築の意匠性

を持つ必要性があったことを意味すると考えることができる。
※10　八千代座の設計は地元の回船問屋の木村亀太郎によるもので、彼は専門の建築教育は受けていない（『重要文化財八千代座修理工事報告書復興事業記念誌』熊本県山鹿市、二〇〇一年参照）。また、康楽館の設計は小坂鉱山工作営繕掛長の山本辰之助とされる（「新指定の文化財」『月刊文化財』四六五号、第一法規、二〇〇二年参照）。この点は、※9で述べた内容と合わせて考えると、八千代座までは、江戸時代の大工などの建築技法による芝居小屋として建てられ、大正時代になって、芝居小屋の新たな建築意匠のあり方が考えられ、それにともなって正面の意匠が整えられて建てられたと考えられ、明治末期ころから大正期にかけて、芝居小屋の建築内容が大きく変化した可能性を見出せる。
※11　『高梁市吹屋小学校校舎調査報告書』（高梁市教育委員会、二〇〇五年）など。岡山県においても明治末期から大正期にかけて、岡山県技師の江川三郎八の擬洋風建築における活躍は有名である（岡山県近代和風建築総合調査報告書『岡山県の近代和風建築』、岡山県教育委員会、二〇一三年三月）。
※12　シャンデリアについては、どのような物がついていたかは不明である。
※13　先の重要文化財の芝居小屋のリストにおいても八千代座までは近世の特徴を有する。
※14　痕跡調査は主として文化財保存技術協会の副参事である賀古唯義によって行われ、本稿の一部は彼の調査メモを参考に作成した。
※15　※4参照。その後、この楽屋は一九六七（昭和四二）年の改造時に撤去され、二〇一〇（平成二二）年三月に、芝居小屋としての活用のため、主屋北側に独立したかたちで新たな楽屋が建設された。この時、主屋西側の便所の内部も改築された。

江面嗣人
専門は日本建築史、文化財建造物修復、町並み保存。文化庁の主任文化財調査官を経て、現在岡山理科大学工学部建築学科教授。岡山県および香川県の文化財保護審議会委員、中四国地方市町村の文化財保護審議会や伝統的建造物群保存審議会の委員長などを多数務める。ブータンやフィジーの歴史的建造物の研究も継続中。学術博士、一級建築士。

第5章　ひらかれた舞台

七〇年目の柿落し

一九八五年一〇月五日、復原された内子座は、二度目の柿落しを迎えた。

この年は内子町制施行三〇周年でもあり、柿落しと併せて記念式典も執り行われた。内子町民約二五〇人に加え、愛媛県知事、西田司国土庁政務次官も集い、新たな文化拠点の誕生と町の節目の年を、生まれ変わった内子座で祝った。式典では当時の河内町長が、内子町振興計画に基づき計画行政の推進を述べ、未来を担う心豊かな人材を育てるための内子人づくり、観光農業振興や農産物に付加価値を付けるなど知的産業としての新しい農業のむらづくり、八日市・護国の町並みや内子座を中心に歴史的文化的都市機能を持たせたまちづくりの三大重点事業を掲げ推進する式辞を述べた。また俳優であり芸能研究でも知られる小沢昭一の講演も予定されていたが、台風の影響で内子入りが果たせず、やむなく中止となった。

式典に続き、柿落し興行「江戸家猫八・子猫親子　お好み演芸会」が行われた。猫八、子猫の掛け合いによる動物や鳥の鳴き声のものまね、客席を巻き込んだクイズやゲームなどが行われ、約七〇〇人の観客は大いに笑い、楽しんだ。また一週間後の一〇月一二日には、もう一つの柿落し興行「芹洋子ふるさとを歌う」が二部構成で行われた。一部は通常の芹洋子ワンマンショーだったが、二部では町内小中学や女性コーラス部との共演によって行われた。記念すべき柿落しに歌舞伎でもその他の伝統芸能でもない大衆芸能がかけられたことは、いかにも「娯楽の殿堂」としてふさわしい演目であった。また演者と観客とが互いに親密な関係を築きながら、時にはその垣根をも越えてともに時間と空間を創り上げていく様は、まさにかつての内子座が現代によみがえったようだった。

二つの柿落しの後も、クラシック音楽演奏会や映画上映会、テレビ番組の公開収録、カラオケ大会、地元

1985年10月12日、内子座杮落し「芹洋子ふるさとを歌う」。芹洋子と一緒に舞台に立って歌う町内の子供たち。

団体主催の祭りや内子座高校文化祭など、様々な催しが立て続けに行われた。その数は柿落しから約二ヶ月で一五を数えた。

新しい興行主体の芽生え、蔵漆会《くらしっかい》

こうして賑やかな再スタートを切った新生内子座だが、当初は劇場が復興しても肝心の興行を行う者がいないのではないかという懸念も指摘されていた。再興の四ヶ月前にまとめられた「内子座のあり方、使い方に関する要望書」では、その運営方針として、町民自らの文化活動の場として展開されると同時に、一流レベルのイベントによって町の文化レベルの底上げを図るべきであると記されている。果たして誰が興行を行うのか。その問題は、再興が計画されていく過程において一部の町民たちが自ら興行を行おうという意識を持ち始めたことで、解決の糸口が少しずつであるが見出されることになる。つまり新しい興行主体が形成されつつあったのである。

新しい興行主体とはいえ、そこは小さな町のこと、自らの力で劇場を創り支えてきた豪商たちのＤＮＡは脈々と受け継がれていた。旧内子座大株主・大西呉服店の子孫である大西岩太朗、町のもう一つの劇場「旭館」を経営していた森文醸造の子孫である森秀夫、そして様々なかたちで町の劇場とそこで行われた興行に関わってきた人々の子供たちが興行に名乗りをあげた。

こうして柿落しからたった二ヶ月後の一九八五年一二月に早くも結成されたのが、自主興行グループ「蔵《くら》漆会《しっかい》」である。リーダーは、造り酒屋・酒六酒造の酒井冨士夫、それに先に触れた大西岩太朗と森秀夫ら計六名。その一人、現町長の稲本隆壽（当時は町役場職員）によると、内子座の再興が計画される中で「内子座を賑わいの場として何とかしたい」という機運が盛り上がったのだという。ちなみに「蔵漆会」という名は、カタカナの〝クラシック〟と町並みの〝蔵の漆喰〟とをもじったものだ。

蔵漆会が最初に主催した興行は、一九八六年五月一七日の「桂米朝独演会」だった。稲本は当時を思い返し「『鹿政談《しかせいだん》』という演目をかけていただいて、それが本当に面白く、感動的で、涙を流しました」と語る。

「鹿政談」は、奈良の神獣鹿をうっかり殺《あや》めてしまった男を救おうとする噺で、もとは上方の古典だったが、明治初期に二代目禽語楼小さんによって東京に移植され、それを米朝自身が上方で復活させたという謂れのある演目である。また公演終了後に米朝を囲んで行われた打ち上げの席では、こんなエピソードも生まれた。

「小屋番をしていた大西さんという方がいたんですけど、彼の前に米朝師匠が来られて、『いろいろな劇場で公演をするけど、こんなに手入れの行き届いたところで噺をさせていただき本当にうれしい、ありがたい』と両手をついて頭を下げられたんです。大西さんは大変恐縮されていましたけど、そんなことが言える米朝師匠はさすがだなと思いましたね」。この後桂米朝は、蔵漆会主催で二度内子座の舞台に上がっている。

次に取り組んだのは一九八六年一〇月二・三日の劇団民藝「宇野重吉一座」である。宇野重吉はその前年に一座を立ち上げ各地で公演を行っていたが、実は癌を患っていて、胃の三分の二と左肺の半分を失う厳しい体調での巡業だった。内子座においても公演前日に楽屋で倒れ、救急車で病院に運ばれるといった事態が起きた。「さすがに翌日の公演は中止かと思いましたね。ところが翌日、舞台に立たれたんです。楽屋では酸素吸入をされてましたが、舞台に立つと全く何事もなかったように振る舞われる。心底、役者というのはすごいなと思いました」。舞台に生きる人々のエネルギーが、蔵漆会が活動を続けていく何よりの原動力になったという。

自ら興行を行うことで得られる他には代えがたい歓び。しかしその裏側には、金銭的なリスクもあった。「実際、赤字が出たこともありました。ただそれもみんな好きでやってることですから、最終的には自己責任というか、一人何万ずつという感じで返しました。逆に黒字が出たら次の公演に使うために貯めていました。

使命感ではなく、自分たちも楽しむという想いがあったから、それでよかったんです。メンバー間の役割分担も自然とできていましたしね。催し物が終わった後の食事会は、酒六の社長がお酒をポンと出す。役所にいる私たちは事務局を引き受け、会計や渉外もやるというように」。新しい興行主体として、手探りながらも、身の丈にあった興行のあり方を模索していた姿が見て取れる。この後、桂枝雀公演、上原まり筑前琵琶公演、内子座音楽祭などを主催した。

蔵漆会は、内子座と内子町にふさわしい催事は何かを常に意識した興行を行っており、戦前の内子座を支えた町の有力者＝旦那衆の流れを引き継ぐものであったと言えるだろう。

仲間と共に作り上げる興行、内子座社中ふれだいこ

新しい内子座をもっと自由に楽しもうと考える人々も現れた。「内子座社中ふれだいこ」（以下、「ふれだいこ」）である。本町商店街で旅館・松乃屋を経営する髙田武則が中心となって一九八七年一二月に結成した。始まりは髙田が、一九八六年一〇月に宇野重吉一座が来た際、宿の世話をしたことだった。その縁がきっかけとなり、一九八六年に南海放送から坂本長利一人芝居「土佐源氏」を内子座でかけないかとの話が舞い込んだ。髙田は旧内子町と旧五十崎町の若者に声をかけ、その呼びかけに七人の仲間が集まった。興行の経験を持つ者が一人としていない状況の中、メンバーで知恵を出し合い、地元の伝統工芸である手漉き和紙でポスターを作ったり、竹筒に詰めたきじ飯を用意してチケットとセットで販売するなど、工夫をこらした。当時は、内子座は飲食が可能であったので、芝居が始まるまでに食べてもらったという。なお、ポスターや竹筒の包み紙の図案は、デザイン学校卒のメンバーで現在は版画作家の山田きよが担当した。ポスターは全てシルクスクリーン刷り、松乃屋の宴会場にメンバー総出で制作された。

ふれだいこのメンバー。手作りの公演ポスターを掲げている。1992年10月、内子座にて。

当初は「土佐源氏」が終われば解散する予定だったが、シルク刷りのポスターが噂になり、今度は「山彦ものがたり」（山彦の会・新人の会提携公演、松山政路主演）というミュージカルの話が持ちこまれた。髙田らは地元の子供たちに見せたい内容だと興行を打つことを決めるが、チケット代を安くするため、劇団に「ギャラは安くても、美味しいものを食べさせるから」と金額交渉をした。そしてその約束どおり、公演後に出演者らを囲んで行われた打ち上げは明け方近くまで続いた。

一九九〇年四月には東京演劇アンサンブル「桜の森の満開の下」公演を成功させた。これは坂口安吾の作で、文化庁日米舞台芸術交流事業としてニューヨークでも上演されたものであった。この公演をきっかけに、現代演劇の関係者に内子座が知れわたり、公演希望も増えた。その後、次々と興行の話が入るようになったので、ふれだいこ側から劇団を呼んだことはないという。

その後も、「山彦ものがたり」の再演のほか、渡辺美佐子の一人芝居「化粧」で内子座を満員にし、鈴木光枝主演「おりき」、海援隊、市原悦子主演「あらしのよるに」など、大物の舞台をつぎつぎと実現した。渡辺美佐子は、公演はもちろん、プライベートでも内子を訪れ、髙田の妻智子に対して「奥さんは普段町並みを歩かないでしょ。私が案内してあげるから、珈琲飲みに行きましょう」と言って、一緒にお茶をしたというエピソードまである。

また、最も多くの観客を得たのが悪役商会（八名信夫作・主演）の「エーおせんにキャラメル」（内子町商工会青年部との共催）であった。一九九五年四月七～九日の三日間に六公演を行い、二九七九名の入場者があった。八名自身の父親が岡山で千歳座という芝居小屋を経営していたこともあり、現存する芝居小屋内子座に強い愛着があった。一方で、彼らは、チケットを売り切って観客を確保することを強く要求し、興行の厳しさを身を持って示したという。

それというのも、内子座のキャパシティは五百席、髙田によれば、町民にとって払えるチケット代が四千円が上限なので、興行に使えるのは二〇〇万円、だからこれ以上の料金だと、どんなに有名な劇団の依頼でも断る、というポリシーが貫かれており、これを前提に公演料の交渉もしていたという背景があった。

髙田は、自分たちは内子座を支える単なるサポーターであるが、役者たちも内子座を好きになったサポーターとして、一緒に公演を作って行く感覚があり、いつも「我々と関わった皆さんは、もうふれだいこのメンバーです」と言っていたと語る。それゆえ今も多くの役者たちと交流が続いている。

ふれだいこ以降も、「内子おたまじゃくしの会」、「内子座を愛する会」などの興行組織が生まれ、岡村喬生《たかお》「歌の旅」「フィンランド音楽祭」などのクラシック音楽演奏会や佐々木愛一人芝居「越後つついし親不知」公演などが行われたが、必ずしも長続きしなかった。とはいえ、他の公共文化施設と異なるのは、町民の中に興行組織が生まれ、楽しみながら公演を実現していったという点であった。

内子座にこだわり続ける、劇団オーガンス

内子座での興行が充実する一方、自ら内子座の舞台で演じようという地元劇団はなかなか現われなかった。後述する「内子座演劇祭」で愛媛県内の劇団が舞台に上がってはいたが、それも自主的な公演とは言えなかった。そうした状況の中、一九九四年に内子町の住民が中心となった「劇団オーガンス」が立ち上がった。

オーガンスは、もともと地元青年団の有志が行っていた青年演劇である。彼らは公民館で小規模な発表を定期的に行っていたが、改修後の内子座に対して「歌舞伎界の大御所しか舞台に立てない」といった敷居の高さを感じており、また自分たちの演劇に対してそれほどの自信も持っていなかったため、有り体に言えば「遠慮していた」のだと言う。ところが青年団の全国大会に出場が決まり、それならばと一念発起で一九九三年、初めて内子座の舞台に立った。その時の印象について、立ち上げ時のメンバーの一人は「意外にもお客

さんがとても喜んでくれたんです。観客と舞台がとても近く、お客さんの気持ちも伝わってきて、演じている自分たちも心地よかった。それまで感じたことのないものを感じて、『とにかく内子座は凄い！』っていう感想でしたね」と語る。

現代演劇の公演を実現していたふれだいこの活動に刺激を受けた仲間がいたことも後押しして、翌一九九四年一一月には旗揚げに至る。団員は町内の小中学生から五〇代まで、世代も立場も異なる様々な人たちが顔を揃えた。なお、「オーガンス」とは内子の方言で「大風呂敷を広げる」といった意味であり、皆で話し合う中で「大きなことを言ってとりあえずやってみよう」ということで決まった。

オーガンスは基本的に年に一回、それも内子座でのみ公演を行っている。もともと内子座で公演をするために結成された劇団であるから当然とも言えるかもしれないが、そうした成り立ち以上に彼ら自身の内子座への思い入れは強い。旗揚げ公演で発表した内子町石畳地区の棚田を題材とした芝居（「石畳水車小屋未来伝」甲斐田爽搾作）を観た愛媛県果樹同志会から松山で記念公演をしてほしいと声がかかった際、わざわざ会場を内子座にして再演したというエピソードもある。

劇団の名に込められた「とりあえずやってみよう」という想いからも分かるように、当初はメンバー誰もが五年も続けばいいと考えていた。しかし結果的に着実に公演を重ね、二〇一三年には記念すべき二〇周年公演を行うに至った。その理由として、内子座公演にこだわったこと、年に一回の公演としたこと、音響・照明・舞台美術もメンバー内でまかなってきたことなどが挙げられる。資金面に関しては、毎月千円の会費を収集、公演時にはそれぞれが二万円を出資し、チケット収入などで黒字になったら返金するといったかたちがとられている。行政や特定スポンサーからの援助を得ず、誰にも縛られず自由な公演を実現するという姿勢は、内子座再興後の蔵漆会やふれだいこにも共通するものがある。

オーガンスは現在も、内子町出身者を中心としながら、松山市など近隣のメンバーも加えて、活動を持続

劇団オーガンス。結成20年記念公演「COLD SLEEP」には町外からも多くの観客が駆けつけた（2014年11月）。

している。

時代の変化とともに――実行委員会公演の増加

オーガンスのように自ら内子座の舞台に立つ活動はともかくとして、町民自身がリスクを負い多額の資金を動かして行う公演は、一九九〇年代後半になると勢いを失っていった。その理由は、担い手が世代交代されぬまま年齢を重ねていったこと、バブル経済崩壊後の景気の低迷でそれぞれに余裕がなくなっていったことなどが挙げられる。それに代わって、内子座で比重が高まっていったのが、町が主導する実行委員会形式での公演である。

一九八五年の再興直後から、柿落し事業はもちろん、他にも行政主催ないし主導の公演・事業はあった。その代表的なものが一九九一年から三回にわたって開催された「内子座演劇祭」である。松山を拠点に活動を続けてきた「劇団こじか座」が県内九劇団に呼びかけてできた愛媛演劇集団協議会の結成総会が内子座で行われ、それに合わせて年に一回の演劇祭が行われるようになった。これは、演劇活動が盛んとは言えなかった愛媛県において最初の演劇祭であり、のちに県民総合文化祭「演劇公演」へと発展した。内子座演劇祭の主催は、愛媛演劇集団協議会と内子町および内子町教育委員会だった。アンケートによると、来場者の六割以上は内子町外からであり、再興した内子座を広く知らしめることとなった。また、ここでは次世代の演劇を担う人材育成もテーマとして議論されており、オーガンス結成の一助ともなった。内子町が主催の一員とはいえ、開催の主導権をとっていたわけではなかったこともあって、一九九三年を最後に開催されることはなかった。

同様のケースとして、蔵漆会が二回にわたって行った「内子座音楽祭」を、役場が引き継ぐかたちで一九九四年に開催したこともあったが、やはり一回限りで、それ以降は開催されることはなかった。また同年一一月、内山青年会議所と内子町、愛媛新聞は坂東玉三郎舞踊公演を内子座としては異例の五日間一〇公演で敢行、延べ七千人の観客を集めたが、一九九六年に二度目が行われたのを最後に、この規模での催しは開催されていない。この時期の町は、町民主導の興行に刺激を受け、逆に民間の興行を補完する事業を独自に模索していたと言えるだろう。

こうした流れの中で始まったのが、一九九五年に始まった国立文楽定期公演、通称「内子座文楽」である。これは松山の旅行業者やマスコミらが愛媛県議を長として結成した「愛媛広域観光と内子文楽を促進する会」から町へ持ち込まれたものだが、事業開催の手法的には旧金毘羅大芝居（金丸座）にて行われていた「こんぴら歌舞伎」にならったものである。こんぴら歌舞伎は、旅行会社とのタイアップで交通と宿泊とをセットにして販売することで、一定の成功を収めていた。

第一回の内子座文楽は、一九九五年九月三〇日・一〇月一日の二日間四公演だった。主催は内子町と内子座文楽実行委員会。この実行委員会は町民ら三二名によって構成されていたが、町民の自主性によってではなく、町が主導して結成されたものである。町には町外の文楽ファンや観光客を呼びこむという目論見があり、当初から町民の主体的な参加が危惧されていた。町が興行を仕掛ける上で、町民を中心とした実行委員会の結成は必須条件でもあったのである。実際の公演では、舞台照明に内子特産の和蝋燭を使用し、町内飲料組合会員が中心となって地物の野菜や川魚を調理した弁当を提供するなど、内子座ならではの工夫を凝らした。そうした努力の甲斐もあり、公演は成功を収め、町と実行委員会は翌年以降も開催を継続していくこととなった。第二回公演は、半年後の一九九六年四月二九日と三〇日に行われた。ゴールデンウィークをにらんでの開催はより多くの旅行客を呼び込み、さらに翌年の第三回公演では公演日数を三日間に拡大するなど、回を重ねるにつれ内容も大掛かりなものになっていった。このころ、町内に大型宿泊施設を整備するべきだとの声もあったという。

一方、観客数は伸び悩み、第四回（一九九八年）は空席も目立つようになった。それにつれて町の公費負担も増え、第五回（一九九九年）でいったん休止の憂き目にあった。この背景には、チケット価格の高さもあって町民の入場者が一割前後から増えなかった上に、目的が町外観客・観光客誘致に力点が置かれ、町民を巻き込めなかったことがある。そもそも、来町者の多くは、昼食以外に内子町にとどまることはなく、経済効果も限定的であった。これまで述べてきた、町民が自らの責任で自由に内子座で興行をする、という姿勢からかけ離れた興行となっていたのである。

こうした反省を踏まえ、約二年間の休止期間をおき、二〇〇一年「内子座文楽」は再始動した。変更された点としては、まず主管を教育委員会に移すこととした。これは当初の観光振興という目的から、伝統的な芝居小屋である内子座と、これもまた伝統芸能である文楽を大切に守ることはもちろん、今に生きる文化として振興するという姿勢を明確にしたものであった。これにともない、学生や子供たちなど伝統芸能を背負う次世代が参加しやすい夏休みに公演日を移行し、合わせて、町内の小中学校に国立文楽劇場技芸員が訪れレクチャーしたり、愛媛県内に四座ある人形浄瑠璃団体との交流を行うなど、地域に根差す活動を企画した。この結果、二〇〇二年八月三一日に内子座文楽は三年ぶりの公演を実施することができた。

現在の内子座文楽実行委員は、この時から参加したメンバーが多く、実行委員会体制も実質的なものとなっていった。実行委員の多くは、「はじめは、さほど文楽に興味がなく、義務的に参加していたが、内容を理解し、公演を観て技芸員と交流する中でのめり込んでいった」と語っている。一方、実行委員の中には家族に浄瑠璃を語る者がいたり、実家がかつて旅館を経営していて巡業してきた淡路人形の衣装や床本が残されている者がいるなど、実行委員同志の交流を通して、内子座で文楽を上演する文化的な価値が再確認されるという副産物も生まれた。

2015年8月22日、23日、内子座文楽第19回公演が行われた。演目は「義経千本桜すしやの段／道行初音旅」。

実行委員の多くは、蔵漆会やふれだいことは異なり、興行に慣れていないし、初めてであったから、実際の公演や観客から学ぶことも多かった。例えば、第二回・第三回公演はゴールデンウィークで暑い日もあった。当時の内子座にはまだ空調が整備されていなかったので、観客が汗を落とすほどで、急遽客席に氷柱を置くことにしたという。また、幕間の女子トイレに長い列ができたことをきっかけに、実行委員が町長に整備を要請したこともあった。リピーターの客から車椅子席を設けるべきだと言われた実行委員もいた。行政、実行委員、観客の相互の繋がりで公演を良くしようという機運が自然に出てきたことは、実行委員会方式での公演の成果であったと言えよう。また、文楽技芸員の側でも、愛媛県出身の技芸員である豊竹嶋大夫（浄瑠璃、松山市出身）や吉田和生（人形、西予市出身）は、内子座の公演を楽しみにするようになったという。

一方で、第五回で中断した時の課題は、解消されたとは言えない。町の財政負担は、国の芸術文化振興基金などの支援を受けてなお一〇〇万円前後あり、文楽技芸員の小中学校来訪も、主として財政的理由から現在は行われていない。また、二年前に初心者向けの文楽の入門講座「なるほど・ザ・文楽」を開催するなど、町民への普及を図ってはいるものの、町民の入場者は目に見えて増えてはいない。文楽が難解である、という以外に、チケットの平均価格が約六千円と高価であることが挙げられる。きわめて熱心な町外のファンが毎年来場する一方で、町全体を巻き込むというところまでは至っていない。

それでも、内子座文楽が一定程度成功し一つのスタイルになったこともあって、実行委員会形式での公演は、内子座での興行の多くを占めるようになった。近年では、二〇〇七年（出演、市川亀治郎ほか）と二〇〇九年（出演、市川右近ほか）の松竹大歌舞伎や、二〇一二年以降の茂山狂言「和らいの収穫祭」（出演、茂山千三郎ほか）などの古典芸能をはじめとして、二〇一一年と二〇一三年の「フラメンコ曽根崎心中」（プロデュース・作詞、阿木燿子／音楽監修・作曲、宇崎竜童）、二〇一五年の「前進座」公演、「虚構の劇団」公演（作・演出、鴻上尚史）など多彩な公演を実施している。町が完全に主導権を握っているもの、マスコミとの共催、町民のネットワークから生まれたものなど内実は様々であるが、いずれの公演も一定程度町が介在し、公演が実現している。

これらは、町民主体の興行の減少を補い、内子座の安定的な活用と町民への良質な文化の提供という役割を果たした反面、町民の自主的なエネルギーの掘り起しについて課題を残した。また、鑑賞中心の興行はもちろん、終章でふれる舞台技術や制作などのワークショップや子供たちとの狂言ワークショップなどの、いわゆる「教育普及活動」においても、中長期的な展望を持って企画されたものとは必ずしも言えなかった。

いずれにしても、いかなる組織がどのような目的を持って事業を遂行していくのかは、内子座の未来を左右することになるであろう。

論考2　公共劇場としての内子座

徳永高志

公共劇場のカテゴリー

一九九〇年代以降専門的な機能を有した施設の増加にともなって、公立私立を問わず、劇場・音楽堂がどのような性格を持っているのか、また持つべきかという議論が盛んになっている。二〇一〇年のいわゆる劇場法の制定後は、一層具体的な検討が進むとともに、理念に関しても議論が進んでいる。それは、公的助成の基準にもなり、国の補助事業選別の規範ともなっている。[※1]

その一方で、公共劇場の基準は、必ずしも明確ではない。公の組織として劇場法制定を先導してきた日本芸能実演家団体協議会は、公共劇場を「芸術の公共性を地域に活かしていくという理念にたって事業を行う組織が運営している点が共通項」と総括している。[※2]芸術が社会の重要な構成要素であることを前提として、それを地域に具体的に展開する媒介項としての劇場を提示していると言える。

公共劇場の前提となる芸術の公共性に関しては、平田オリザが、病院や福祉施設、公教育と同様に、経済的に不採算であったとしても社会に必要なものであり、その基盤として劇場などの文化施設が必要だと指摘した。[※3]その背景として、大きな社会的課題となっている社会からの阻害を克服するための「社会的包摂」（ソーシャルインクルージョン）が必要であると説いた。

また、伊藤裕夫は、世界の劇場の歩みを振り返りつつ、「公共劇場とは理念的には、市民社会のニーズに応じた舞台芸術の創造と、その成果を広く市民社会が享受する基盤と定義できる」とした。また現在の公共劇場の持つ公共性は、第一に舞台芸術そのものが持つ公共性、第二に市民社会が享受できるというアクセス面の公共性に分けられると整理した。[※4] 中川幾郎は、公共劇場の使命は「地域によって異なる」とし、[※5] 両者ともに、ゆるやかな公共劇場像を提示し、それが立脚する時代や社会、地域によって公共劇場の役割が変化すると考えている。

一方、みずから公共劇場を創造し運営していると任じている衛紀生は、公共劇場に関して最も多くの発言をしている一人である。彼は、現在の公共性について、平田同様、「社会的包摂」という政策理念に依拠した社会的経営概念であり、公共劇場もそのカテゴリーに含まれるとした。また、公共劇場は「場」ではない、ということを強調する。かつて、一九七〇年代の演劇人が中心となった小劇場運動は、「上演施設=芸術的野心を発表する場」から一歩も出ていなかったとし、公共劇場に必要な「上演施設」以上の機能が何なのかを問い続ける。そして、「場」が一歩すすんで「公共劇場」であるか否かは、「社会的効用」というアウトプットを受け取る側の顧客に決定権のある概念なのであるとした。[※6] すなわち、発表される「芸術的野心」を含めた「社会的効用」を、受け手が具体的に実感できる劇場が、「公共劇場」たりうると断じたのである。

また、伊藤や中川が、「公共劇場」を相対的なものであるとするのに対して、衛は絶対的な公共劇場は存在しうるとするが、その概念は必ずしも明確ではない。

本稿では、公共劇場の要件を、ゆるやかに、

①それが立脚する地域を包摂し、地域の一定の合意によって設立されていること。

②地域の社会的課題の克服に何らかの寄与をしていること。

③地域の一定の合意によって、「芸術面」も含めた劇場の経営がなされていること。

とし、日本の劇場、中でも伝統的な劇場がいかなる公共性を持ちえたのかを考察し、つぎに、経営の内実に踏み入って、公共劇場としての内子座の有り様を考察していこう。

日本型公共劇場の原像

日本の公共劇場を考える場合、そのルーツには農村舞台があると考えられる。「農村舞台」という呼称は一九五〇年代に精力的に地域の小規模舞台の調査を行っていた松崎茂によって命名されたという。調査が進むにつれて、地域によって差はあるものの、全国の小さな集落におびただしい

数の舞台があったことが明らかとなった。角田一郎編『農村舞台の総合的研究』（桜楓社、一九七一年）によると、廃絶したものを含め、全国に一九二一棟の農村舞台が存在していた。うち徳島県が二四〇棟で最も多く、次いで兵庫県の二三六棟、長野県の二〇六棟などとなっている。

その成立年代は、古いもので近世社会すなわち一七世紀にさかのぼり、一八八〇年代まで形成された。舞台の形式は歌舞伎系が一六三〇棟と多く、浄瑠璃語りが座る太夫座の付いた人形芝居系は二九一棟であった。

形態は地域によって大きな差があり、例えば、徳島県では歌舞伎系はわずか一棟のみで、他の二三九棟は人形芝居系となっている。つまり、全国の人形芝居系の舞台の大半が、徳島県に集中していたことになる。徳島県以外で人形芝居系の舞台が存在したのは新潟県の九棟、福島県の六棟、岩手県の四棟などごくわずかで、いかに徳島県で人形浄瑠璃が盛んだったかが窺える。徳島県では約百棟が現存しているが、人形浄瑠璃を神に奉納することが第一の目的であったため、浄瑠璃を語る太夫と三味線弾きが座る「太夫座」が神社の本殿の方を向くとともに、観客が本殿に背をむけないように配慮されており、本殿に向かって右側に建てられるのが一般的であった。人形浄瑠璃の舞台であるために奥行が浅く、浄瑠璃語りが座る太夫座が付いている。一方、香川県小豆島の肥土山の舞台のような歌舞伎舞台では、同様に、傾斜した地形を生かした客席と屋根付きの舞台であったが、花道を持ち、太夫座は客席にほぼ正対していた。地域の芸能の様態によって、農村舞台は異なる発展を遂げたのである。

一般に、日本において屋根客席付の劇場が形成されたのは一八世紀初頭の江戸と言われ、続いて大坂や京都に大劇場が建設された。一方、一九世紀になると、広島県の宮島や香川県の琴平など地方にも本格的な芝居小屋が生まれた。これらは、それぞれ厳島神社や金毘羅宮の勧進（社殿の修理などに金銭を集めること）という名目で、建設されていた。というのも、身分制社会の中で役者の身分は厳格に定められ、演劇の興行も大きく制限されていたために、宗教的な貢献を表向きの理由にする必要があったのである。こうした劇場では、江戸や京都の歌舞伎を定期的に呼んで興行を行っていた。[※7]

芝居興行に関しては、各藩によって事情が異なり、同じ四国でも、松山藩は芝居興行が比較的自由で、武士の礼楽とされていた能楽についても町民の鑑賞を許していたが、土佐藩では原則的に芝居興行は禁止であった。芝居興行を認めた藩においても、地域の人々が舞台に立つことは禁止され、例外は神社の祭礼に際しての神楽や舞踊などに限られていた。[※8]

いずれにしても、近世における地域劇場は、幕藩体制の下で大きな制約をともなった存在であり、舞台に立つことも興行も自由に行うことはできなかった。また、演目・演者それに興行そのものも奉納や勧進といった宗教的な行為として認められていたに過ぎなかった。しかし、後藤和子も述べているように、[※9]村落などの共同事業として運営され、幕藩体制のシステムとは異なる共同体の紐帯の形成に一定の役割を果たしていたと言える。

ここに、日本における公共劇場の萌芽を見ることができるが、それは同時に、公共劇場が背負い続ける社会からの制約や政治的支配への従属という課題も生まれていたのである。

明治維新以降は、封建制度が解体に向かうとともに、劇場を建設すること、舞台に立つこと、興行することが自由になった。近代社会の成立によって、劇場や音楽堂におけるプレイヤーと観客・聴衆の関係は大きな変化を遂げた。日本以外でも、例えば一九世紀末の中部ヨーロッパでは、楽友協会＝フィルハーモニーが成立し、特定の貴族に帰属しない音楽家たちがオーケストラを結成し、音楽愛好家の商人などが支援するシステムが生まれ、その活動場所として音楽堂が成立した(ウイーンでは楽友教会ホール)。聴衆は、演奏家や支援者から一定程度自立して演奏会を選ぶようになったのである。[※10]

しかしながら、地域の小さな舞台は新たな競争にさらされることになる。農村舞台の多くは、神社の付設舞台とは言え、地元の人々が舞台に立つことはまれになり、通常は、プロフェッショナルな劇団を誘致する興行が行われた。風雨にさらされる農村舞台は、芝居小屋に比べて不利であり、次第に町の中心部に屋根を持った劇場の建設が進んだのである。

二〇世紀に入ると、人口一万人程度の小さな町にも複数の劇場があることが珍しくなくなり、演劇はもとより、寄席や、当時は目新しかった映画上映も盛んに行われた。これらの劇場の多くは地域の人々が出資をして運営された。熊本県山鹿市の八千代座（一九一一年開場）の場合、菊池川の水運、豊前街道により交通の要衝として発展し九州屈指の温泉場として賑わっていた山鹿の有力商人たちが一株三〇円で出資を募り、株式会社「八千代座組合」が劇場を設立・運営したものであった。最盛期の一九二〇年代には年に六千円前後の利益を出し、演劇・演芸・映画など多彩な娯楽が展開された。(※11) 全国の農村舞台や芝居小屋は、こののち、太平洋戦争下の芸能の抑圧や軍需工場化により減少し、テレビの普及や娯楽の多様化により、とどめを刺された。現在わずかにのこる農村舞台や二十数棟になった芝居小屋はこれらの過酷な状況をくぐり抜けたものである。

こうした地域の商人など新しく台頭した人々が自らの責任で運営している芝居小屋の経営形態を清水裕之は「ブルジョア的公共性」という言葉であらわした。(※12) では、その実態はいかなるものであったのか、内子座に即して、次節で今少し詳しく検討してみよう。

内子座の公共性

1 「ブルジョア的公共性」の内実

内子座の場合、劇場設立の構想がどのような経緯で生まれたかは判然としない。(※13) 最初から、当時の商法（一八九九年六月施行）にのっとった株式会社形式で劇場を志しており、当初、建設費五千円を見積り、一株二〇円二五〇株を見込んでいた。後述のように、その後増資して資本金総額七四〇〇円、三七〇株となった。「大典紀念株式会社内子座」という名称の内子座運営会社の発起人の一七名は、当時の内子町の基幹産業である製糸業、商業の中核をなすメンバーであった。この一七名が連記した「内子座に関する事項報告書」によれば、「本劇場は内子町に設置する必要の事業にして公益の上より言うも当会社の面より言うも自他の区別なく最も利益ある事業に属し且つ日進月歩の将来に於て亦た最も有益なる事業たり。是本社の創立したる所以なり」と述べ、現状の「公益」からも、急速な進歩をとげる社会の未来を構想する上においても有益な事業であるとした。
この精神は、一九一六年二月二一日の開場記念式典における浅野幸三の口上（写真1）で、四方山村から物資が集積する内子町本町はようやく町の機能が整備されてきたが、未だ足りないものが劇場であり、「所謂勧善懲悪の素志に従ひ一般の観客の節操誘致し延て地方発展町内の繁栄を計る一劇場の之無は甚だ遺憾とせし所なり。依て之に意を注ぎ地方公共の為め劇場設置に発起」したと述べられているように、内子座創設をつらぬくものであったと考えられる。また、後段では、幾多の困難を乗り越えて設立された内子座を活用して「地方発展を計る者なくんば単に無用の長物」となるので「地方有力なる諸君は是の意を涼《ママ》し本座を利用し以て地方発展の具に供せられん」と記しており、当初から、町の繁栄のために多くの利用を望んでいたことも明らかになる。すなわち、内子座が一部の芸能愛好家のものではなく、町に必要な「劇場」と認識されていたことが分かる。

なお、日本の劇場は、江戸時代には上方で「中の芝居」「角の芝居」など「芝居」、江戸では「中村座」「市村座」など「座」と呼ばれることが多かったが、これはそれぞれの劇場と結びついた劇団と一体の呼称であった。明治維新以

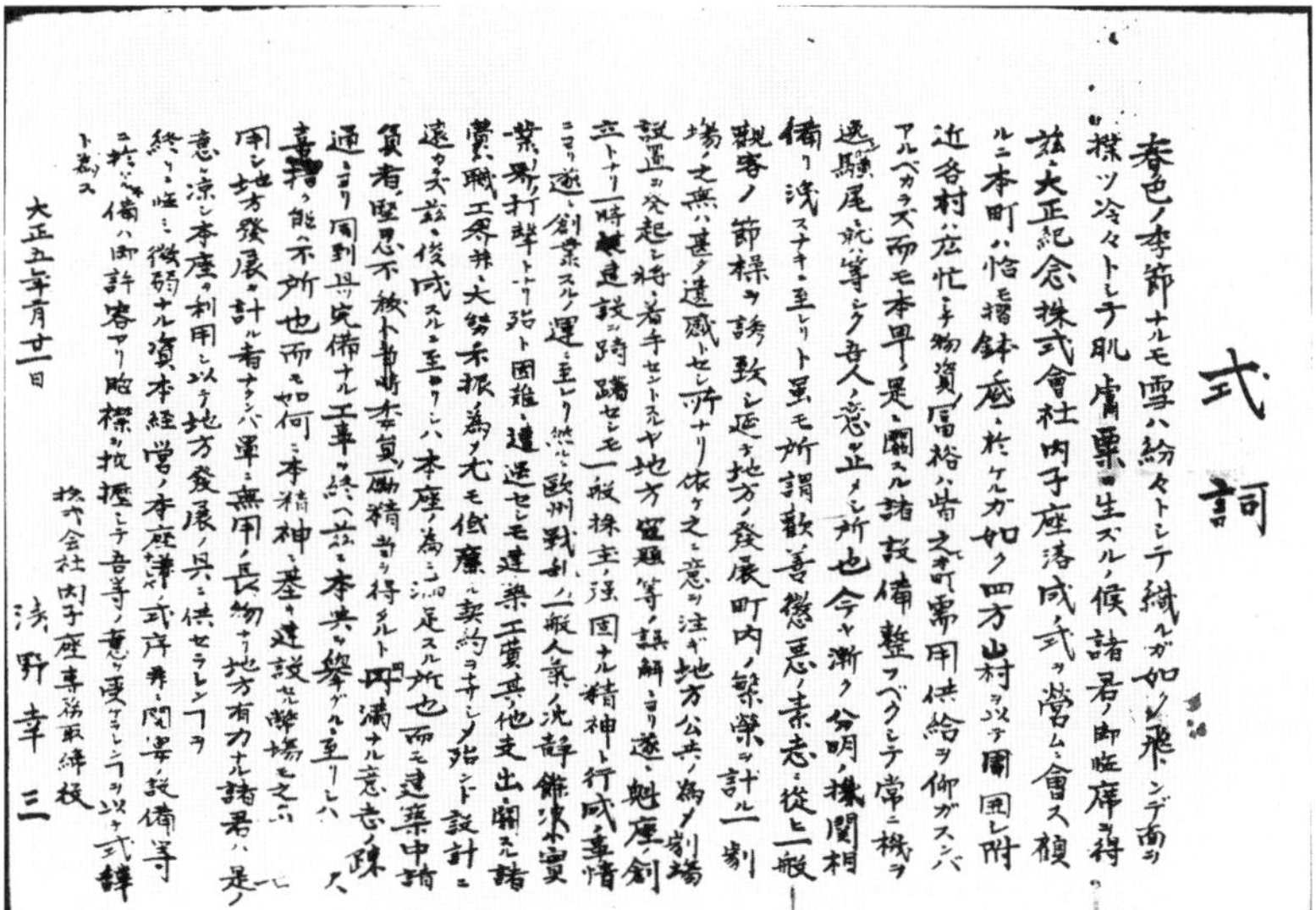
式詞
春色ノ季節ナルモ雪ハ紛々トシテ織ルガ如ク飛ンデ面ヲ
撲ツ冷々トシテ肌膚粟ヲ生ズルノ候諸君ノ御臨席ヲ得
茲ニ大正紀念株式會社内子座落成式ヲ營ムニ會ス顧
ルニ本町ハ恰モ擂鉢底ニ於ケルガ如ク四方山村ヲ以テ圍囲シ附
近各村ハ広忙ニテ物資冨裕ハ皆之本町需用供給ヲ仰ガズンバ
アルベカラズ而モ本町ノ是ニ關スル諸設備整フベクシテ常ニ機ヲ
逸シ駸尾就ハ等シク吾人ノ意ヲ止メシ所也今ヤ漸ク分明ノ機関相
備リ殆スナキニ至レリト雖モ所謂勧善懲悪ノ素志ニ従ヒ一般ノ
観客ノ節操ヲ誘致シ延テ地方ノ発展町内ノ繁栄ヲ計ル一劇
場ノ之無ハ甚ダ遺憾トセシ所ナリ依テ之ニ意ヲ注ギ地方公共ノ為メ劇場
設置ヲ発起シ将ニ着手セントスルヤ地方窮願等ノ誤解ヨリ遂ニ劇座ノ創
立トナリ一時建設ヲ躊躇セシモ一般株主ノ強固ナル精神ト行成ニ事情
ニヨリ遂ニ創業スルノ運ニ至レリ然ルニ欧州戦乱ニ一般人氣ノ沈静并ニ実
業界ノ打撃トナリ殆ト困難ニ遭逢セシモ建築工費其他支出ニ關スル諸
費職工界并ニ大勢未振為メ尤モ低廉ニ契約ヲナシノ殆ンド設計ニ
遠カズ茲ニ竣成スルニ至リシハ本座ノ為ニ満足スル所也而シテ建築中諸
負者ノ堅忍不撓ト当時委員ノ励精尚ヲ得タルト円満ナル意志ノ疎人
通ヨリ周到并ニ完備ナル工事ヲ終ヘ茲ニ本共ヲ祭グルニ至リシハ
喜悦ノ能ハ不所也而モ如何ニ本精神ニ基キ建設セル劇場モ之ヲ
利用シ地方発展ヲ計ル者ナクンバ単ニ無用ノ長物ナリ地方有力ナル諸君ハ是ノ
意ヲ涼シ本座ヲ利用シ以テ地方発展ノ具ニ供セラレン事ヲ
終リニ臨ミ微弱ナル資本経営ノ本座諸式ノ并ニ関係ノ設備等
ニ於テハ不備ハ御許容アリ賑ヲ抛擲シテ吾等ノ意ヲ受ケラレン事ヲ以テ式辞
ト為ス
大正五年二月廿一日
株式会社内子座専務取締役
浅野幸三

写真1　内子座開場記念式典式詞

降は、全国的に「歌舞伎座」「新栄座」といったように「座」が一般的になる一方、劇場と劇団の分離が進んだ。二〇世紀に入るころからは永楽館（一九〇一年）、康楽館（一九一一年）のように「館」という名称が使用されるようになる一方、帝国劇場（一九一〇年）、脇町劇場（一九三三年）という呼称も現れ「劇場」が建物を指すようになったと考えられる。内子座の場合、「座」という伝統的な呼称を残しながら、書面ではしばしば「劇場」という記載をしている点は注目される。

　では、株主たちはどのような構成であったのか。残されている株主名簿によれば、設立発起人を含む株主は約二百名であったので、大半の株主は一株を所有していた。取締役七名は五株、監査役五人は三株以上を持つことが義務づけられていた。当時の内子町本町地区の正確な人口・戸数は判然としないが、おおむね八〇〇戸程度と考えれば、四戸に一戸が株主であったことになる。

　株式会社の配当については、「純利益より従来の損失を補填し準備金を控除し尚ほ役員の賞与金を控除したる残額」を充てることと決められている。準備金は「毎期純益金の三分の一以上とし資本金の二分の一に達する迄之を積立つる」とした。株式決算書によれば、初年度の配当は三パーセントであった。株式決算書には、「貸借対照表」「損益計算書」「剰余金処分案」「劇場使用日数と種別」「営業の状況」「庶務の要件」それに役員の選挙結果が記載されており、これらが議題になっていたことが推測される。なお、取締役や監事は毎回選挙で選ばれており、しばしば接戦となっていた。

　では、実際に、劇場の命運を左右するような重大議案に関してどのような議論が行われていたのだろうか。魁座問題をめぐる議論を見てみよう。

　第1章にも記したように、内子座が構想されていたほぼ同時期に内子座から五〇〇メートルほどの距離の通称「上町」に魁座というもう一つの劇場計画が進行していた。結局、魁座は内子座より三ヶ月早い一九一五年一一月に落成し、「絶えず興行戦行われ」「大興行をなせしが毎興行殆ど損失を免れず」という状況に至ったという（『中豫新聞』一九一七年一二月一日）。これを解消するために、芳我吉右衛門、小泉瀧蔵、芳我兼三郎の三氏を調停者として、一九一七年一一月一四日に内子座側が「涙金」一千円を魁座に支払い、翌日、建物附属品を大洲村大正館に売却する運びとなったという。内子座は累積債務と「涙金」の埋め合わせに、配当七パーセントの優先株二四〇〇円を募集し増資して難局を乗り切った。

一九一七年一一月四日の臨時総会議事録によれば、発起人の間で涙金の額をめぐって激しい議論が闘わされた。涙金は当初五〇〇円~六〇〇円と見込まれていたのに、最終的に一千円になった点について、発起人の一人である安川喜十郎は決議がないことを指摘した。それに対し、支配人中田鹿太郎は、魁座との争いは怪我人を出すまでに至っており支出は致し方ないと答えたが、安川は納得せず、涙金を支出すれば「内子座は愈々無配当となる故に寧ろ此際内子座を売却して解散してください」とまで述べた。重役全員が辞表を提出するが原案を一部修正して可決したという。内容はともかくとして、株主相互の議論と採決が機能していたことが分かる。

日本において劇場が劇団と分離した運営が始まって二〇年あまりであったことを考えると、

①町の発展のための劇場

②町民の資質向上に資する劇場

③劇場の運営に関する徹底した議論と合意

という方針が明確であった点は注目される。

劇場の運営に直接携わった階層がいわゆる町の有力者であったにせよ、株主が町民の二割程度であったことと、経営者であり観客という受益者でもあった人々の意向が反映しやすい意思決定がなされていたことから、公共劇場としての要件を一定程度獲得していたと言える。

一方で、旧来の劇場慣習を踏襲していた面も散見される。

例えば、座席の販売手法に関してである。残されている戦前の内子座の配席表三枚を比較すると、すべて枡席（当時は四名が座ったと言われている）はばら売りされていない。また、三公演とも中央部の「への五」は大西が、「ほの五」は芳我（上芳我）が記載されていて、大規模な公演で大株主が一部の席を独占していたことが推測される（写真2）。こうした配席は、近世において上席を経営者が独占した上で茶屋が得意先に配席する「茶屋制度」の伝統の名残であったと思われる。また、現在の内子座には、株主席に近接して株主専用の入り口が設けられていた痕跡もある。内子座が成立する時期には、興行の方法が大きく変化している時代であった。例えば、一九〇三年の末に、朝日座が、大阪では初めて、観劇方法の大規模な「改良」を目指す方

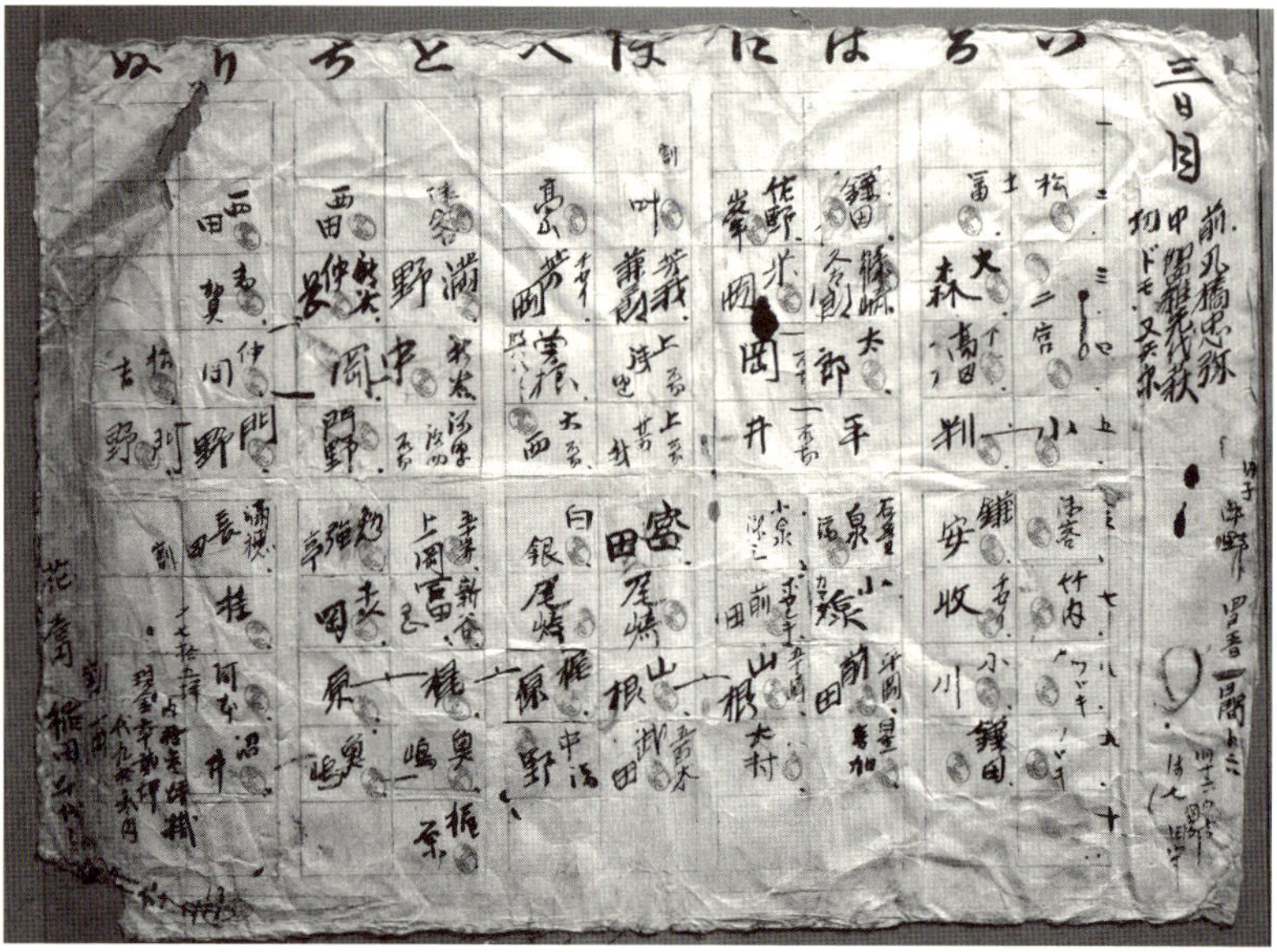

写真2　公演時の枡席割。おそらく開場間もない時期のもの。

針を打ち出していた（『大阪朝日新聞』一一月二三日）。その骨子は、切符制と入場料金定額制であった。ちなみに、朝日座はこの試みが当たり、大盛況を呈した（『大阪毎日新聞』一九〇四年一月七日）。角座、浪花座といった劇場も、これほど徹底したものではなかったが、祝儀の廃止や興行時間の一定化などと、茶屋の特権の縮小などの改良を行った。[※14] 内子座の興行の詳細には不分明な点があるが、こうした変化を必ずしも反映したものではなかった。

　第１章で述べたように、興行を興行株主が独占していた点も注目に値する。ただ、大株主が率先して枡席を押さえることで興行収入を確保できるとともに興行株主が興行を独占して過度な競争を排除していたことは、劇場経営の安定に寄与していた面もあり、内子座が、近世的な劇場経営から近代的な劇場経営への過渡期にあったと評価するのが妥当だと思われる。

　多額の資金を投入して魁座との競争を避けたものの、一九二二年秋には隣町に五十崎座が落成し「興行者の不利甚しきものある因り賃貸料を引下げ度数の増加に勉め総収入に於て殆ど前年度と異ならざる成績」を収めたことや、一九二五年には魁座跡地に旭館という映画館が開場したことが株主総会記録に記載されている。そもそも不景気で興行ごとに赤字が出て興行の受元が減り、開場日数が減っていたところであったので、「内子座は惨めにも衰退し一時殆んど休止同様」に至ったという。一九二〇年代半ばは、東京・大阪などの大都市部の劇場の興行日数が戦前のピークを迎えた時期であったが、その増加分のほとんどは一九世紀末に移入された映画であり、それも映画専門館が設立されるにしたがって、苦境に陥った。トーキー映画以前の映画館（「活動写真館」）には舞台があり、旭館も例外ではなかった。したがって、花道や廻り舞台以外の機能は内子座と類似であり、両側の桟敷席などの見切り席がない分、有利であった。

劇場を取り巻く厳しい経営環境の中、近隣の劇場が団結して臨むこともあった。例えば、一九二三（大正一二）年一一月には内子座の中田鹿太郎取締役が代表となり六座（長浜・住吉座、大洲・末広座、大洲・太陽館、五十崎・五十崎座、中山・大正館、内子・内子座）が連名で愛媛県知事に対し私法人使用建物税低減の請願を提出している（写真3）。これは、都市部の劇場に比べて「田舎の」劇場は経営が厳しく、都市部の劇場と同様の課税には耐えられないことを主張したものであった。

魁座との激しい争いの一方で、他劇場との交流や連携を行い生き残りを図る姿勢は、内子座に特徴的な経営の様態であった。

しかしながら、内子座は、次第に劇場としての価値を減じていく。一九二五年度の利用日数を見ると、年間総利用回数一一八回中、映画（「活動写真」）は四四回を占め、三分の一を超えた。大きな転換は一九二八年であった。興行の不振により、一〇月より一年間町内の崎岡戸一氏に賃貸することとなった。その後、借主は変わったが、戦後まで株主たちが再び興行主体となることはなかった。

映画興行の増加は止まらず、一九三五年一一月から一九三六年一〇月では一一七日中九二回と大半を占めた。配当も一九二九年に二パーセントに、一九三四年には一パーセントに減少し、劇場経営が苦境に陥ったことが推測される。一九三九年の株主数は一五五名であり、約二〇パーセント減少した。「ブルジョア的公共性」は開場一〇年あまりでその内実を失っていったと言えよう。

日中全面戦争開始の翌年一九三八（昭和一三）年の株主総会記録には「益々時局は重大勢を加え国民貯金の増額生

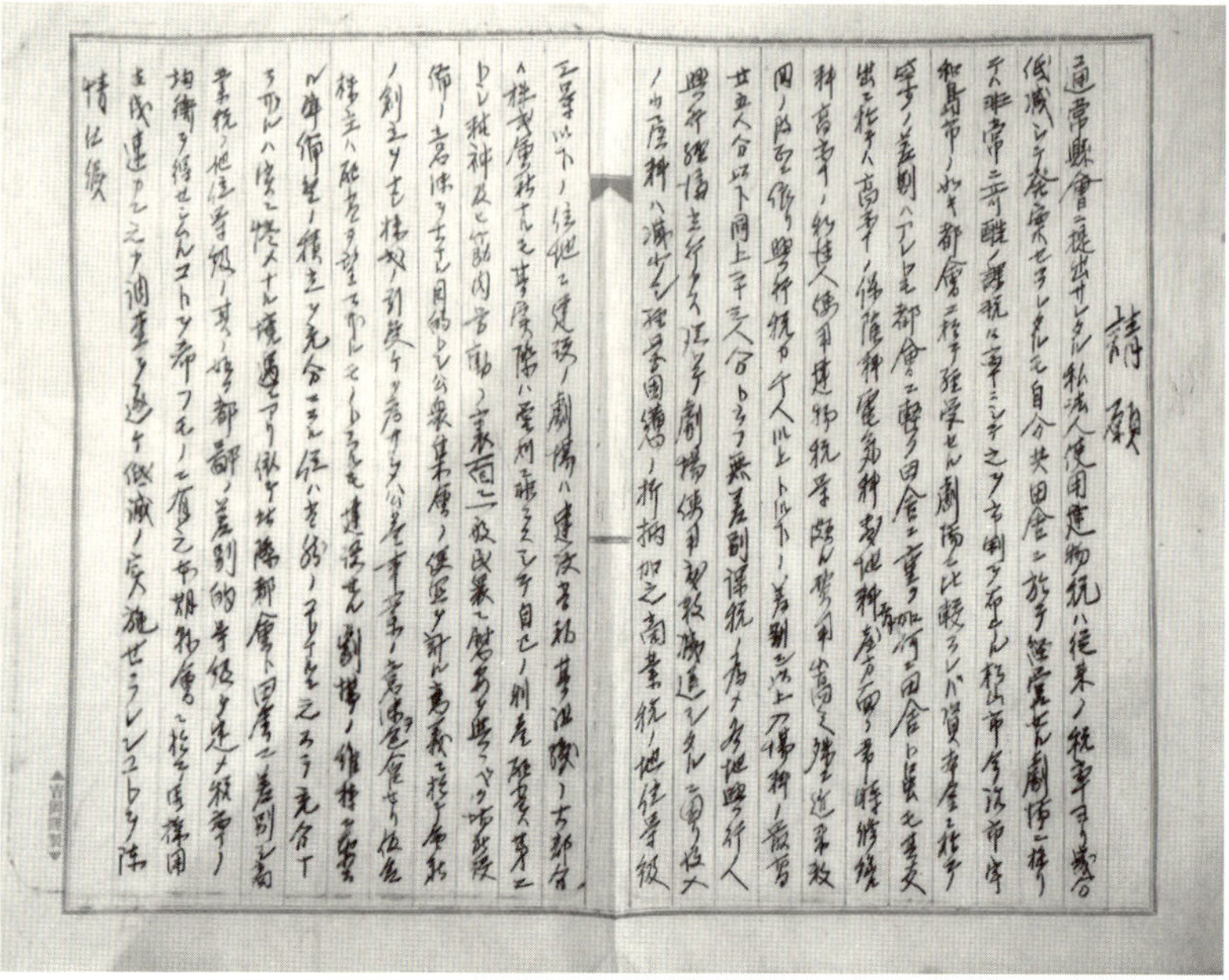

請願

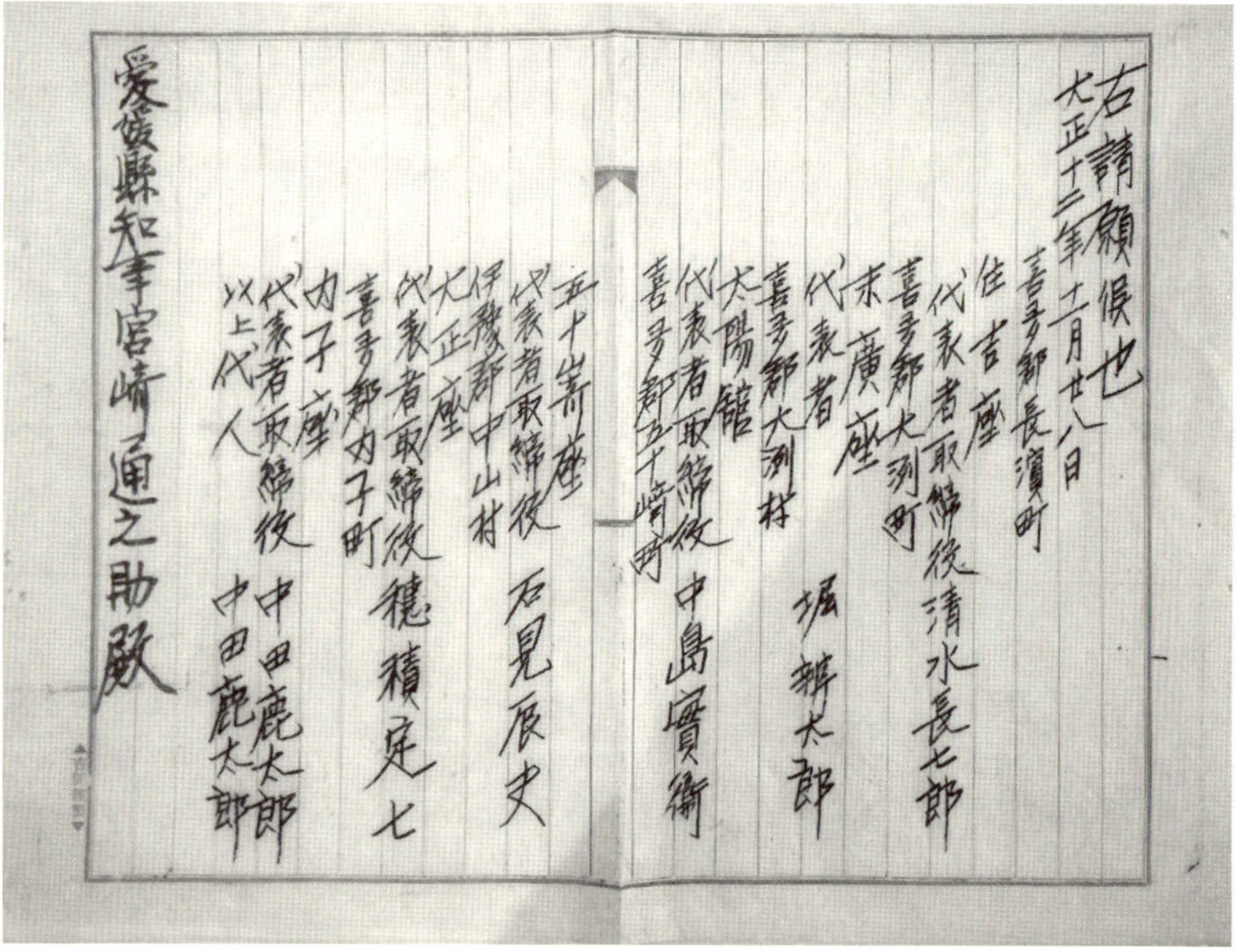

右請願候也
大正十二年十月廿八日
喜多郡長濱町
住吉座
代表者取締役　清水長七郎
喜多郡大洲町
末廣座
代表者　堀辨太郎
喜多郡大洲村
大陽館
代表者取締役　中島實衛
喜多郡五十崎村
五十崎座
代表者取締役　石見辰史
伊豫郡中山村
大正座
代表者取締役　穂積定七
喜多郡内子町
内子座
代表者取締役　中田鹿太郎
以上代人　中田鹿太郎
愛媛縣知事宮崎通之助殿

写真3　建物税低減の請願

活の刷新統制経済の為中小商工業者の蒙りたる影響甚大にして従って興行経済の打撃頗る多く惨状を極む。依て年を加ぬる程固定せる建物は腐朽の度を増し之が維持造作に差支を生ずることに配慮しつつ本年度を終了したり」とあり、二〇年以上経た劇場の維持にも苦心していたことが分かる。一九四〇（昭和一五）年には、いよいよ「統制経済は益々強化せられ小屋の賃貸借も九一八禁令の関係より十一月契約満期更新に付前年度契約金額同様仝一人へ契約することとなり其当時内子五十崎天神興行者共同経済の社が結成され小屋賃借人も加盟し小屋も提供し社員として営業中小屋は社へ譲渡し脱退せられ興行社が使用中なり」という状態になり、近隣の劇場を統合した運営が強要されていった。

太平洋戦争中も株主総会は細々と継続しており、株主たちは、内子座を直営としたい意向を持ちながら、結局賃貸が継続するなど、経営方針は揺れ動いていた。一九四五年四月には「内子座興行権は廃止に決定」との記述がみられるが、これは株主の意向というより劇場全体に指示された戦時方針を守ったものと思われる。

戦争が終わると、活発な議論が再開した。早くも一〇月には七名の賃貸希望者が現れ、争いもあるので年貸をあらため一回ずつの賃貸とすることとなった。翌一九四六年一月には三〇〇円で月貸に決し、合わせて各部分の修繕が大きな課題となった。一九四七年からは直営に戻り、修繕、一夜貸、貸出先などに関して議論が闘わされた。一九五〇年代には、段階的に映画館に改装された。第2章で述べたように、この際も株主たちは劇場としての内子座存続にこだわりを見せていた。一階奥に映写室が設けられたのち、桟敷が椅子席に改められたが、ほどなくそれも立ち行かなくなった。

2　再興後の内子座

一九六七年には内山商工会館の事務所となり、大規模な改修が行われた。東西桟敷や二階桟敷は事務所、会議室、広間などに改築されたが、一階中央部分（映画館時代の椅子席部分）はほぼそのままで、不定期に映画上映も行われたという。

一九八五年一〇月、町所有の劇場として再興した際に最も特徴的なことは、一一月には町民有志による興行組織「蔵漆会《くらしっくかい》」のほか、一二年後に、内子座社中「ふれだいこ」

が結成されるなど、住民主体の興行組織がいち早く結成された点である。一九九四年には町民劇団「オーガンス」も結成され、内子座を本拠地として現在まで活動が続いている。これは、一九五〇年代以降完全に途絶えていたかに見えた町民自らが劇場を運営し興行を行っていこうという機運も再興したことを示している。

では実際にどのような催事が行われたのか(左表)。再興の翌年一九八六年の内子座利用は、記録されているものは二一日であり、「わらび座」「人形劇団プーク」「桂米朝独演会」「上方名人会」「劇団民藝宇野重吉一座」が、町民主体の実行委員会で実施されている。

二四年後の二〇一〇年の内子座使用内訳をみると、利用は二五日で大きな変化はなかった。判明している入場者は八七三〇人であった。「鼓動」公演が町民主導の実行委員会形式の公演であったほか、一九九五年以来継続してきた文楽の公演、学校公演、地元放送局主催公演、町主催事業公演、各種大会、「内子手仕事の会」(内子町内の工芸従事者の組織)の展示販売、一般への貸館、それに町民の結婚式など、町民主導の事業は減少したものの多彩な事業が展開されていた。

これらの事業は、町の式典や発表会シンポジウムなどの事業、実行委員会ながら実質的な町主導の事業、町民主導の事業の三つに分類できる。

この事業構成は、事前に全体の年間計画が立てられて実施されたものではなく、文楽や一部の町実施事業を除いて、いわば偶然の産物であった。それゆえ、町民主体の興行の減少と事業の多様化は、そのまま、町民の様態と町内外の内子座への関心の有り様を指し示していた。一九八五年再興後から一〇年程度の間の興行主体がそのまま高齢化し、地方経済の悪化なども相まって、新たな興行主体の形成が遅れた。それを補ったのが、町と町民とが一体となった実行委員会形式の興行であり、その代表的なものが「文楽」公演であった。

内子座が、町の直営であることはすでに指摘したが、ではどのような運営組織であったのか。新生内子座は、当初より観光施設と劇場の両側面を持っており、町指定文化財でありながら、教育委員会ではなく、町並保存対策室の管轄となった。以降、三〇年を経た現在まで、町並保存・振興関係の所管となり、二〇〇九年以降は町並・地域振興課が取り扱っている。

表　内子座の公演・興行・大会等リスト（1986年・2010年分）

年	月日	内容	参加人数（判明分）
1986年	3月　9日	「わらび座」公演　「平和への歌声」「あらぐさの花たち」	42
	4月21日	人形劇団プーク公演「エルマーのぼうけん」	39
	5月11日	内子ライオンズクラブ　20周年記念式典	21
	5月17日	桂米朝独演会　米朝・吉朝・勢朝ほか	12
	5月25日	合同芸能発表会　内子町文化協会	42
	6月　7日	上方名人会　はな寛太いま寛大、桂春団治・笑福亭鶴光・ゼンジー北京	39
	7月　5日	教育講演会「親しか子供を救えない」原笙子	21
	7月10日～12日	内子座まつり「公開生放送　今夜は四国がみえてくる」「金子信雄が語る60分」　吉四六劇団公演	42
	7月24日	文化庁　こども芸術劇場　東京混声合唱団（コーラス）	39
	8月　8日	笹まつり「こじか座」公演	21
	9月15日	吟道素山流梅鳳吟詠会　内子支部十周年記念大会	42
	10月　2日～　3日	劇団民藝　宇野重吉一座公演「三年寝太郎」「おんにょろ盛衰記」宇野重吉、日色ともゑ他	1,300
	10月　4日	民謡発表会　愛媛県民謡同好会	21
	10月10日	第4回　チャリティー合同歌謡ショー　内山歌謡同好会	42
	10月26日	第3回内子支部　翠月湖志司舞踊発表会	39
	11月　2日	箏曲演奏会　内子・五十崎　琴栄会	21
	11月12日	伝統芸能巡回公演（県文化振興財団）大蔵流狂言・三島獅子舞	42
	11月23日	「寄席芸能」（文化庁移動芸術祭）橘屋圓蔵・柳屋小三治・春日三球・照代　ほか	39
2010年	2月　9日	木質ペレット利用促進シンポジューム　日本住宅・木材技術センター	50
	2月28日	NHK「坂の上の雲」朗読会　ＮＨＫアナウンサー加賀美幸子、ＮＨＫ日本語センター榊寿之	400
	3月　6日	鼓童　スポンサー公演	39
	3月　7日	鼓童　うぶすな公演	600
	3月22日	愛媛県立内子高等学校吹奏楽部　第9回　定期演奏会 in 内子座	300
	4月　3日	内子座結婚式	39
	4月10日	内子町交通安全協会　高齢者交通安全の集い	130
	5月16日	合同芸能発表会　内子町文化協会	300
	6月　9日	県幼稚園連合会研究大会	600
	7月10日	松山大学・日本経済新聞連携講座	200
	7月25日	eat寄席　朝日上方落語　内子座　南光亭、桂南光、桂米左、桂ちょうば	500
	8月　8日	「内鼓座祭り」粟津祇園太鼓、おイネ太鼓、楽鼓、WADACHI、喜鼓里	200
	8月14日	第7回　内子高校郷土芸能部　内子座定期演奏会	300
	8月21日～22日	第14回　内子座文楽　4回公演「鶊山姫捨松」「桂川連理柵」鶴澤清治、吉田文雀	1,800
	9月18日～20日	「茶の湯炭の世界」全国大会 in 内子	200
	9月24日	商工会女性部南予B会議	100
	9月29日	第9回　ENGLISH SPEECH CONTEST	250
	10月16日～17日	内子手しごとの会（企画展示即売）	1,500
	10月23日	「第14回歌＆踊り　演歌まつり」101ステージ企画	300
	10月31日	錦秋内子座公演「胡蝶をどり座」	400
	11月　7日	インドネシア沖縄発表会	200

現在の公共劇場の組織においては、直営にしても指定管理者による運営にしても、館長の下に、マネージャー（支配人）を置き、総務、制作、技術、広報などの責任者（管理職）を配置するのが一般的である。[※15]

一方、内子座は、二〇一〇年から二年「座長」を置いた時期を除いて、専従の専門スタッフを置かず（むしろ置くことができず）、劇場独自の意思決定のしくみを持っていない。このため、内子町のまちづくりと直結した運営が行いやすい利点を持つ一方で、運営が町担当職員の資質に左右されることが多いと言える。それを補っているのが、町民の興行グループであり、各事業の実行委員会であった。内子座の公共性は、直接的には行政が担保しているが、それを支えているのが町民であった。側面からそれを補強しているのが、内子座の伝統的な機構や熱心な町民組織に魅力を感じて舞台に立つ多彩な出演者である。

これは、裏返せば、そのまま、内子座運営の脆弱性にも繋がる。どこの公共劇場も同様であるとは言え、独自の意思決定を行わない内子座は特に行政の意向に左右されやすく、また町民の内子座を支える思いに浮沈がかかり、長期的な展望に立った運営が行いにくい傾向がある。

もう一つは、内子座が文化財であり、観光資源となっている点である。

二〇一三年度の内子座の観光入館者と収入構造は以下の通りである。

1　内子座入館者数（公演以外）　三万一〇八五人
2　内子座見学入場料収入　一〇七三万七三八〇円
3　貸館日数　四一日（内減免一九日）
4　貸館料収入　　八四万三〇二〇円

すなわち、見学入場料は貸館料収入の一二・七倍に及んでいて、劇場として貸せば貸すほど、収入が減る構造となっている。劇場として多くの町民に利用してもらおうと設定した安価な貸館料金を設定していることも背景にある。二〇一六年五月に国の重要文化財指定の答申を受け、今後見学者の増加が予想され、この傾向に一層の拍車がかかるものと思われる。

公共劇場としての内子座の未来

一九一六年の創建時から劇場の経営権の一部を譲渡した一九二八年までは「ブルジョア的公共性」が十全に発揮さ

れた時期であったが、他劇場との競争や経済的状況の変化により、それは徐々に損なわれた。しかしながら劇場経営を他者に委託した時期においても内子座が町の発展に寄与するように一定の影響力を行使し続けた。戦後の映画館化に際してもギリギリまで劇場として存続する道を模索し続けていたことが分かる。

一九八五年の再興後は、町民の興行組織や劇団が積極的に「貸館」をすることによって、地域の劇場としての機能を発揮し、そのエネルギーが若干の低下をみた一九九〇年代後半以降は、町が主導して結成した「実行委員会」に民間が加わることにより、充実した公演を維持している。内子座公演は町の観光産業に寄与するとともに、「八日市・護国地区」とは異なり、国の重要伝統的建造物群保存地区には選定されていない本町地区の観光産業を中心とした振興に一定の役割を果たしている。その意味で、内子座は、本稿冒頭に掲げた公共劇場の要件を満たしていると言えよう。

一方、公共劇場としての今後の内子座を考える場合、劇場としての意思決定が役場の一部署と一体化しており、町並振興と未分化であるとともに、担当者の力量に左右されるという弱点を抱えている。官民の協働で内子座が活発に利用されている実態を見れば、町民の意向が継続的に反映され、中長期的に地域の課題を受け止めて舞台芸術の力で解決に導くための運営における制度設計が求めれる。

※1　例えば、文化庁の「劇場・音楽堂等活性化事業」など。
※2　日本芸能実演家団体協議会ＨＰ。
http://geidankyo.or. jp/12kaden/net/theater. html
※3　平田オリザ『芸術立国論』（集英社、二〇〇一年）。
※4　伊藤裕夫「「公共」劇場とは」伊藤裕夫・松井憲太郎・小林真理編『公共劇場の一〇年』美学出版、二〇一〇年、一三頁。
※5　中川幾郎『分権時代の自治体文化政策―ハコモノづくりから総合政策評価に向けて』（勁草書房、二〇〇一年）および「世界劇場会議国際フォーラム二〇一二」での発言。
※6　衛紀生「「公共劇場」は何処にあるのか」（二〇一一年、可児市文化創造センターＨＰ。http://www.kpac.or.jp/column/kan02.html）
※7　服部幸雄『大いなる小屋―江戸歌舞伎の祝祭空間』（平凡社、一九八六年）。
※8　徳永高志『芝居小屋の二〇世紀』（雄山閣、一九九九年）。
※9　後藤和子「地域社会における経済発展と文化形成」（『経済論叢　別冊　調査と研究』第一一号、一九九六年）。
※10　渡辺裕『聴衆の誕生―ポスト・モダンの音楽文化』（春秋社、

一九八九年)。

※11　文化財建造物保存技術協会編『重要文化財八千代座保存修理工事報告書』二頁（山鹿市、二〇〇一年)。

※12　清水裕之『二一世紀の地域劇場――パブリックシアターの理念、空間、組織、運営への提案』（鹿島出版会、一九九九年)。

※13　内子座の史料に関しては特に脚注しない限り、内子町所蔵内子座関係史料による。

※14　徳永高志『劇場と演劇の文化経済学』（芙蓉書房、二〇〇〇年)。

※15　例えば、指定管理者制度を採用している茅野市民館（二〇〇五年開館)、直営のいわき芸術文化交流館（二〇〇七年開館）ともに、ほぼ同じ運営構成である。

徳永高志

一九五八年、岡山市生まれ。博士（文化政策学)。ＮＰＯ法人クオリティアンドコミュニケーションオブアーツ（通称ＱａＣｏａ）理事長。他に、茅野市民館コアアドバイザーのほか、愛媛県松山市、内子町、伊予市、兵庫県南あわじ市、神戸市などの自治体の文化政策に関わる。慶應義塾大学大学院非常勤講師を兼任。著書に、『芝居小屋の二〇世紀』（一九九九年、雄山閣)、『公共文化施設の歴史と展望』（二〇一〇年、晃洋書房）など。

第6章　まちづくりのよりどころ

まちづくりとしての内子座再生

ここまで主に一九八五年の復原・再興以降に焦点を当て、内子座という劇場が持つ意味、すなわちそれは地域や日本独自の劇場の記憶をとどめた歴史的建造物であり(第4章)、同時に地域で生きる人々の文化的な活動の舞台である(第5章)ことについて述べてきた。本章ではさらに「まちづくりの拠点」としての意味を付け加えたい。内子座は内子の町なかにあって、決して単体の装置としてだけ機能しているのではなく、むしろ町民の暮らしや周辺環境と深く結びつきながら町全体を豊かに育てていく役割をも担っている。

内子座の保存が、先行した町並み保存の延長として行われたことはこれまでに述べたとおりだが、このことは内子座をまちづくりの視点から読み解く上で見逃すことができないポイントだ。なぜなら、町並み保存自体がそもそもまちづくりとしての要素を多分に含んでいるからである。例えば、町並み保存の対象となる土地や建物はほとんどの場合個人が所有する資産のため、彼らの理解と積極的な参加がなければ成り立たない。このプロセスは住民の地域に対する意識を向上させ、また互いの関係性を強固にするといったコミュニティ醸成の可能性を含んでおり、あらゆる住民活動の活性化にも繋がる。そしてその先には、地域としての新たな発展の可能性をも見出すことが期待できるのである。

内子町の町並み保存については、一九八二年発行の「内子町振興計画」において、それがまちづくりの核となるものであることが示された。ここには歴史的町並みを通じて歴史や伝統、生活文化、快適環境などについて学び、町並み保存地区の活性化を図るため伝統産業を振興し、観光的な諸施設を整備、次第に全ての市街地に歴史的な環境整備の事業を拡充していくことなどが明記されている。

町並み保存はまちづくり――こうした考えのもと、内子座もまた保存と復原、そして再生の道を歩むこととなったのだが、復原後どのようにして活用していくのかについては当初完全な白紙だった。文化財としての価値を併せ持った劇場の再生は、広い意味でのまちづくりに寄与しうるというビジョンこそ共有されていたものの、その実現に向けての道筋は全く立てられていなかったのである。第3章の河内元町長の「町並み保存をまちづくりの柱にしようとしている町として、内子座を取り壊す選択肢はなかったということですよ」「具体的にどうしようという話はともかく、まずは何とかして残さなければいけないという気持ちだけはありましたね」という発言は、奇しくも当時の状況をよく物語っている。そもそも、住民が毎日の暮らしを営む八日市・護国地区の町並みと、むしろ日常とは切り離された「ハレ」の場として営まれる内子座とは、根本的に別物だ。重伝建の選定を受けて活気づく町並み保存の勢いに乗って保存が進められた内子座であったが、その運営にはまったく別の経験やノウハウが必要であり、当時の町と町民はそれらをまるで持ち合わせてはいなかったのである。

唯一救いであったのは、住民を巻き込みながら事を興していく方法を町が熟知していた点だ。これは言うまでなく、八日市・護国地区を中心とした町並み保存の中で培われたものである。内子座復原工事竣工を五ヶ月後に控えた一九八五年五月、町の呼びかけによって町民一四名が内子座の今後の管理運営について協議する「内子座のあり方・使い方を考える住民委員会」を結成。三回の会議を経て、その内容を要望書にまとめ、町長に提出した。内子座の活用のあり方についての言及は、住民の参加によって口火が切られたかたちとなった。

さて、ここでまた、内子座の保存と再興に大きな役割を果たした一人の人物の声を紹介したい。当時町の職員で産業振興課の係長だった岡田文淑である。彼は内子町の町並み保存における事実上の立役者であり、キーマンである。豊かな先見性とリーダーシップによって現場を力強く率い、町民と共にまちづくりとしての町並み保存を現実のものへと変えていった。内子座に関しては、落成を見ないままに人事異動で所管から離れたが、保存への具体的な道筋を立てたのも彼である。ここでは一公務員であった岡田が、町並み保存と内子座再興について、まちづくりの視点からどのように考え取り組んできたかについて、振り返ってもらった。

自分たちこそが町を守るという自覚　岡田文淑（元内子町職員）インタビュー

――内子町の町並み保存運動において岡田さんが立役者だったということはもはや周知だと思います。一公務員という立場でありながら、町並み保存を力強く推し進めた理由は何ですか。

岡田　なぜ町並み保存かという理由は簡単で、要は一次産業も二次産業も駄目になって、やるべきことは三次産業すなわち観光しかなかったということです。国内を見渡しても、またヨーロッパやアメリカを見ても、観光地の大半は歴史的環境に誇りを持ち、地域のアイデンティティを売りにしたまちづくりをやっていました。ですから短絡的とは言え内子としても着手しない手はないなと。あと、一公務員がという点に関しては、私自身が考える公務員としての使命感や倫理観が大きく関わっていたと思います。

――公務員としての使命感や倫理観とはどのようなものですか。

岡田　「自分たち公務員こそが町を守り、住民の暮らしを支える」という自覚ですね。町並み保存に限った話ではないかもしれませんが、行政は住民を巻き込みながら何かことを興そうとする時、リーダーを発掘するために諸団体のトップ、例えば婦人会長や青年団長、観光協会長などを集めて対策を練ろうとします。しかし私は、町並み保存の先達を自治体職員が果たしてもいいのではと考えていました。町民のために自分たちが何を果たすべきかを真剣に考えた時、担い手としての役割が見えてくる。それこそが使命感であり倫理観です。

岡田文淑《ふみよし》　1940年、愛媛県大洲市生まれ。1958年内子町役場入庁、水道課に配属。1976年産業課観光係長。係長就任前から町並み保存運動に着手。1982年内子町伝統的建造物群保存地区保存条例が可決。1985年から村並み保存運動に着手、運動呼称を命名。1999年から町並・地域振興課長。2003年退職。内子町の町並み・村並み保存運動の功績により、日本建築学会文化賞を受賞。全国各地の地域づくりアドバイザーとして活動を続ける。

―― 観光振興のための町並み保存ということですが、重伝建の選定を受けている地域でも、内子ほど成功しているとは言えないケースも多くあります。この差はどのようにお考えですか。

岡田 いろいろな見方があると思いますが、一つ言えるのは、町並み保存を単に観光のためと位置づけるのではなく、それ自体をまちづくりの基盤として考えて展開・情報発信してきたことが大きいと思います。建物だけを見れば内子より遥かにレベルの高い町並みであっても、それをただ保存するだけではテーマパークに過ぎません。まちづくりとして住民にしっかりと参加意識を持ってもらい、行政と協働するかたちで町を作っていくことが重要です。

―― もともと内子はまちづくりへの意識が強くあったのでしょうか。

岡田 そんなものはなかったですが、結果的には多くの方に参加意識を持ってもらえるようになったとは思います。

町並み保存は誰でも最初は嫌がります。聞き慣れない言葉ですし、意味することが難解でもある。そして「残してどうなるのか？」という肝心な問いにも、具体的には何一つ答えられない。それでも説得に奔走しなければ道は開かれない。住民の中に自分をしっかり位置づけないと、保存運動は成り立ちません。私はそれが上手くできたせいなのか、引退した今でも保存地区の住民から家の修理の相談を受けることがありますよ。

―― 内子座は、八日市・護国地区の重伝建選定と同じ一九八二年に内山商工会から町へ寄付されています。その経緯や具体的にどのようなやりとりがあったかについて教えてください。

岡田 内子の名前が町並み保存で全国に広まったのは一九七六～七七年あたりですが、その次に市街地全体のまちづくり計画の話が浮上しました。商店街の活性化や都市計画の問題から、内子座の保存活動が動き出したのが一九七九～八〇年ごろ。ですから一九八二年には内子座保存へ向けたプランは間違いなくできていたはずです。当時の大きな課題は、商工会にどのようにして内子座を保存する意識を植え付けるかということで、私は「日本一の商工会になりませんか。その道筋の第一歩は内子座を残すことです。資金は行政で何とかします」とまで言いました。それでも商工会には内子座を残すエネルギーが見えなかったので、最後は町への寄付を打診しました。そこから先はスムーズでしたね。

——保存後の活用についてはどうするべきだと考えていましたか。

岡田　直接的な用途としては最初から文化ホールにするべきだと考えていました。それと重伝建地区と商店街のある町並みを繋げるための拠点として機能させることも考えていました。ご存知の通り重伝建地区になっている八日市・護国と商店街がある六日市とは少し離れていて、観光客が商店街へ流れていくことは難しい。それをなんとか繋げるために、内子座を商店街側の観光の拠点としようと。

——つまり内子座を残した理由には、商店街の再生という目的も含まれていたということですね。

岡田　そうです。結果的には町並み保存反対運動まで起こって実現しませんでしたが、もし六日市も伝建地区保存が認められていたら、内子は西日本一の町並みのある町になっていたかも知れません。

——再生後の内子座への住民参画というのは、どのようにご覧になられていますか。

岡田　内子座に限らず、住民の力を信じてまちづくりを進めなければ、本物の住民参加はできません。多くの施設で行政管理が行き過ぎており、経営主体をどうやって住民にシフトするかが課題なのですが、残念ながら一九九〇年ごろに上芳我邸と内子座と内子町歴史民俗資料館をまとめて観光施設、見学施設にしてしまい、経営する心が見えなくなってしまいました。そのため地域づくりの情報としてメディアに紹介されることがなくなりました。内子座の横の道路は現代的なポケットパークになり、楽屋も内子座に似つかわしくない近代的なものができています。いずれにしても文化ホール機能をもっと発信していかなければ、見学施設としての経営も難しくなると思います。

——町並み保存や内子座再生に関して、やり残したと感じていることはありますか。

岡田　やり残したというより、なぜこれほど役場の人間に嫌われなければならなかったのかというのが一番の心残りではありますね。まあそれぐらいうるさい人間だったということですが（笑）。

真面目な話、まちづくりを担う職員が育ってくれることを期待しています。職員が育たなければ何もできないし、まちづくりや地域づくりの研究会も育たない。「自分の地域のことは自分たちの手で」というスタンスで頑張る職員がもっと出てきてほしい。住民と一緒になって活動しながら、自治体職員として事務局役を全うする。まちづくりは事務局の出来次第で相当変わってきますから。

――最後に、今後の内子のまちづくりにおいて必要だと思うことがあれば教えてください。

岡田　これからやらなければならないのは環境保全でしょうね。環境保全をベースに景観の概念をもっと深く考えるべきだと思います。内子は四国で一番美しい町であるべきで、町中のサイン一つにしても環境保全に配慮した景観の視点で考えてほしい。観光業というのはおもてなしの世界ですから。

それともう一つ大切なことは、知的ネットワークの構築でしょうか。内子のような片田舎の町にただこもっていても、まちづくりの方向性は決して見えてきません。いろんな地域でまちづくりに携わる人や、様々な専門領域で活躍する人と交流し、知識を得て、いざという時には相談相手になってもらう。これはとても大事なことだと思います。私がまちづくりにのめり込んだ一九七〇年代には、県内の大学にはほとんど情報がなく、まちづくりへの課題が見えた時にはよく東京通いをしました。建築、経済、コミュニティなど、いろんな領域の著名な先生方と東京で出会えたことが、町並み保存や内子座再生の大きな背景になったと思います。

（二〇一三年一〇月二一日　上芳我邸にて　インタビュー：徳永高志）

町に開かれた劇場

さて、話を要望書に戻そう。「内子座のあり方、使い方に関する要望」と題されたこの要望書には、その後の内子座の進むべき方向性がおおむね記されていた。以下、要約を示しておこう。

1　基本的位置づけ

建物を通して地域の歴史や文化を知るとともに、音楽や演劇などの催しを実施することによって、町民文化の向上に役立つ拠点施設とする。

2　管理とその方法

◎基本方針

・町長が管理し、現場管理の職員若干名を配置する。

◎管理方法

・施設見学者より入場料を徴集する。

・劇場として催しを行う場合は使用料を徴収する。

3　運営とその方法

◎運営方針

・町民が自分たちの文化財であるという自覚を持つとともに、町民自らの文化活動を展開する場として、積極的な活動を図る。また、これと並行または交互して、町民のみならず一流レベルのイベントを催し、町の文化レベルの底上げを図るよう、活動運営に努める。

◎運営方法

・運営の適切化を図るため、町長の諮問機関として運営委員会を設置する。

・通常は博物館的施設として一般に公開する。

・催しを行う場合には主催が運営委員会か興行団体自体かを考慮する。

・一般町民、本町出身者で県外で活躍している個人または団体、内子座を支援する個人または団体、町、その他各種団体を対象として内子座文化基金のようなものを設立し、その利息によって中央文化を吸収できる機会を作る。

4 その他

◎一流の音楽家や演技者などを招き、文化振興を図ることを目的とするならば、照明や音響設備、舞台装置、楽屋などを充実させることが重要。

◎木蝋資料館上芳我邸と対応する観光施設として位置づけ、両施設間に観光ルートを設定、観光をより広く充実させる。また、内子座周辺の整備、特に内子座を利用する観光客用の駐車場を整備することが必要。

この要望書はその名の通り、内子座のあり方と使い方に関して町民が主体となってまとめ上げたものである。しかしながらその内容は、劇場ならびに文化財としての単体の有り様にとどまらず、町においてどのように位置づけられ、またどのように機能すべきかといったことまでが示されていた。まさしく〝まちづくりのよりどころ〟として機能することが求められたのである。

さらに具体的に読み解いていくと、三つの異なる次元において位置づけが行われ、またそれぞれの次元でミッションを課せられていることが分かる。

一つ目は、町民にとっての文化拠点としてである。これに関しては、町民自らが文化活動を実践する場、すなわち現在で言うところの公共文化施設であると同時に、外部からの〝一流レベル〟の芸能や芸術が鑑賞できる劇場として、町民の文化をより向上させることが「基本的位置づけ」として明記されている。

二つ目は、それ自体が観光客を受け入れることのできる観光施設としてである。これに関しては管理のための費用を得ることが具体的に求められており、催しのない日は一般に公開されるという当時ではほとんど例を見ない方法が提案されている。また、八日市・護国地区からの導線を引くことによって観光の範囲を拡大し、観光地としてより強い基盤を作り上げることも指摘されている。

そして三つ目は、町並み保存の意識を拡張させる新たな起点としてである。これは従来の町並み保存の当事者が保存地区住民に限られるのに対し、劇場である内子座はより多くの人たちが当事者たりえる可能性を持っており、町並み保存に対する意識をより広く町民に根付かせるため、いわば接触点のような役割が付加されたということだ。要望書では、町民自身が内子座を自分たちの文化財であると認識し、その認識を持ってより積極的な文化活動を図ることが求められている。

なお、この要望を受けて町長は、復原工事竣工を目前に控えた一九八五年九月一九日の内子町議会定例会において議案第一七号として上程、「内子座の設置及び管理に関する条例」が承認された。中には条例から漏れたものや実際には実施されなかった内容もあるが、このような提言が町民の手によって示されたことは、町並み保存の経験を通じて町民自らがまちづくりという視点を大いに獲得していた表れであり、成果だと言えるだろう。

町民の文化拠点として

こうして内子のまちづくりに多層的に埋め込まれた内子座だが、再興から三〇年が経ち、果たしてまちづくりのよりどころとしてどのように展開され、機能するようになったのだろうか。二〇一五年現在の視点に立って振り返ってみたい。

まず、町民にとっての文化拠点として。これはすなわち、文化をより主体的に楽しみ享受する町民が生まれ育ったかということに置き換えられるだろう。内子座の場合、「町民自らが文化活動を実践する」と「〃一流レベル〃の芸能や芸術が鑑賞できる」という両面から町民の文化的成長の場であることが求められていた。しかし実際にはそうした想定よりも早く、そして意外なかたちで、内子座を主体的に楽しもうとする人たちが現れた。第5章でも述べた、町民主体の興行グループである。

興行グループのさきがけは柿落しのたった二ヶ月後に生まれた「蔵漆会《くらしっくかい》」だ。地元企業の経営者や重役、婦人会長といった人たちが、再興された内子座を町の賑わいに繋げたいという想いから結成。一回目の興行「桂米朝独演会」を皮切りに、劇団民藝座や筑前琵琶公演など地方ではなかなか観る機会の少なかった公演に次々と挑戦、実現させた。

一九八七年結成の「内子座社中ふれだいこ」は、主に演劇公演を招聘した。当初彼らにとって興行は一度限りの祭りのようなもので、また演劇自体にもそれほど興味がなかった。しかしながら次々に興行の話が持ち込まれ、回を重ねるうちにその魅力に取り憑かれていったという。

興行グループというよりは、むしろ特定のジャンルや演者の愛好家として公演を手掛ける集団も現れた。一九九七年以降六回にわたって、世界的に活躍する和太鼓集団「鼓童」の公演を主催した「鼓童内子座実行委員会」である。彼らはもともと太鼓の愛好家で、鼓童を内子座で観たい、より多くの人々にも観てもらいたいという想いから興行に名乗りを上げた。

これらいずれのグループも、内子座の再興なくして生まれることは想像しがたい。彼らは自ら内子座の舞台に立つことこそなかったが、興行を通してそれぞれの想いを表現し、また舞台に最も近い観客としても大いに楽しんだのである。一九九〇年代後半以降、興行グループの数は減少してはいるが、興行ごとに結成される実行委員会などかたちを変えて、現在も一定数の町民は様々な立ち位置で興行に関わっている。

また、内子座の舞台に立って自ら表現を行おうとする町民たちも現れた。その代表格は、一九九四年に結成され、今や内子座の「顔」となっている劇団オーガンスである。二〇一四年に行われた記念すべき二〇周年公演では、町外からも多くの観客が駆けつけ、満員御礼となった。地道で粘り強い活動を通じて劇団が成長したことは言うまでもないが、内子座での公演を重ねる中で音響や照明といった裏方スタッフたちが育ったことも付け加えておきたい。彼らはアマチュアながらも劇場としての内子座の使い方を熟知しており、他の町民サークルが主催する内子座の舞台を数多くサポートしてきた。

一方、教育的観点から学校に目を向けると、愛媛県立内子高等学校の郷土芸能部は二〇〇三年以降毎年一回の定期演奏会を内子座で開催している。同部は地元内子の秋祭りに伝わる「子藝《こげい》」(三島神社に伝わる伝統芸能)を継承しようと始まった部活動で、現在は和太鼓を中心とした楽器演奏とダンスに活動の軸を移しているが、全国大会にも頻繁に出場するなど活発な活動を行っている。彼らにとって内子座での定期演奏会は日頃の成果を地元で発表する年に一度の晴れ舞台であり、保護者をはじめOBや地元の支援者などが数多く訪れる。演奏会の終わりには二階三方の桟敷席から客席に向けて大量の花吹雪を降らせるのが恒例となっており、内子座ならではの演出が受け継がれている。

その他にも、様々な文化活動を行う町民の多くが発表の場として内子座の舞台に立っている。毎年五月に開催される内子町合同芸能発表会においては、日本舞踊、ダンス、子供太鼓、カラオケ、三味線、コーラスなど様々なジャンルの団体が参加し、日頃の活動の成果を発表している。

そして最後になったが、観客の立場で内子座で行われる舞台を積極的に楽しもうとする町民も生まれている。二〇一四年の調べでは、年間六四回公演で約一万五〇〇人の来場者のうち、約八〇パーセントに当たる八千人が町民である。また過去に五年で内子座の舞台を鑑賞した回数は平均二〇回とリピーター率も高い。もちろんそれは町民の一部に過ぎないかもしれないが、内子座の舞台を楽しむことがもはや暮らしの一部となっている町民が確実に育っていることがうかがえる。

もちろんこれは数の上の話だけではない。ある五〇代女性は、もともと現代劇を好んで見ていたが、気まぐれに見た第一回の「内子座文楽」がきっかけで文楽の虜になってしまった。それからというもの内子座文楽には毎年かかさず足を運んでいる。彼女のお気に入りの席は義太夫席に一番近いあたりで、毎年いろんな席から鑑賞した末に、ついに彼女なりに特等席を探し当てた。個々の観客は鑑賞の経験を重ねるごとに、それぞれの楽しみ方を見出し、深化させている。

観光施設、もしくは観光の拡大拠点

次に、観光施設としての内子座がどう機能したか。これについては内子座自体の管理費を賄うという現実的なミッションが課せられていたが、結論から言えば十分な成果を出している。二〇一四年度、観光施設としての内子座の入館者は年間二万九九九九人で、収入は約一千万円。さらに劇場としての使用料での収入約一〇〇万円が付加され、施設の管理費にかかる約一一〇〇万円と同等で収支バランスを保っている。ただ、このような成果の要因を単体の施設としての内子座と安易に結びつけることはできない。むしろ内子座の再

内子高校郷土芸能部の演奏。大正時代の女学生風衣装で内子座での晴れ舞台に臨む。

興が町の観光そのものに相乗効果をもたらしたと考えるべきである。

要望書にも記されているように、観光施設としての内子座の誕生には、町並み保存地区にとどめられていた観光の範囲を拡張させることが期待されていた。実際、町並み保存地区は約六〇〇メートルの町道で向かい合う建物群であり、路地や水路の景観をくまなく楽しんだとしても、二時間程度の滞在しか見込むことができなかった。町は、約一キロを観光ルートに組み込み、観光客が散策して愉しむ観光順路として紹介した。このことは、単に観光客が散策できる範囲を拡大しただけではなく、結果的に長い時間をかけて内子の観光そのものの「幅」を広げることとなった。現在このルート上には、大正時代の商店の日常を人形と当時の商品で状況展示した「商いと暮らし博物館」をはじめ、観光窓口である「内子町ビジターセンター」、内子まちづくり商店街協同組合が運営する喫茶店及び地元物産販売所「まちの駅Ｎａｎｚｅ」、さらにかつての豪商であった屋敷を活用した飲食店や宿などが軒を連ねている。

そのような変化の中にあって、内子座もまた順調に入場者数を伸ばしていった。開館当時はかつての芝居小屋を懐かしむ高齢者たちの人気を呼び、やがて建物が持つ静かな情緒に惹きつけられて若いカップルなども訪れるようになった。また、古い木造の劇場に興味を持った舞台関係者や伝統芸能関係者、建築関係者などの専門家の訪問も増え、文化財を動的に活躍させて活かす運営方法を学びに全国自治体からの視察研修も訪れるようになった。そして、大手旅行会社が四国周遊型ツアーの立ち寄り拠点として町並み保存地区と内子座を組み込んだことで、来館者は爆発的に増加した。

一方、劇場としての側面が観光においても力を発揮するようにもなった。公演を目当てに内子座を訪れた人々が、その味わい深い風情と濃密な劇場空間に感激し、それを聞きつけた人たちが観光客として訪れるようになった。また著名な演者が公演を行うことで、公演を見ることができなかった熱心なファンたちが見学に訪れ、次はぜひ演劇や音楽を楽しもうと再訪を決意するといったことも増えた。良質な公演回数がふえるごとに内子座の知名度が高まり、観光客も増加するという循環が形成されていった。

「えひめ町並み博」から二年後の二〇〇六年、内子座を観光で訪れる人の数は、町並み保存地区を中心とした文化観光、基幹産業の農業に焦点を当てた観光農園事業、付加価値をつけた農産品直売所なども合わせ、年間約一二八万人を数え、ピークを迎えた。そこからは微減傾向が続いており、二〇一五年現在では年間約一一九万人を推移している。とりわけツアー観光客が多く訪れていた町並み保存地区と内子座の落ち込みは大きい。そんな中にあっても、歴史的環境を好んで訪れる個人観光客は少しずつであるが増え続けており、またフランスやオランダなど海外から日本固有の景観を求めて訪れる観光客も顕著に増加傾向を示している。

劇場から広がる町並み保存の意識

そしてもう一つ、町並み保存の意識を拡張させる新たな起点として。これについては、先に述べた観光における成果が牽引した部分も大きく、それを差し引いたとしてもそもそも何をどのように評価すべきなのかはなかなか難しい。しかしながら、主に個人所有の建物で構成されていた「町並み」に、開かれた劇場である内子座が加わったことが、内子の町並み保存にとって一つの大きな転機であったことは間違いない。直接的であれ間接的であれ、内子座は多くの町民になにかしらのかたちで町並みに関与するきっかけを与え、意識を根付かせたと考えられる。

一つの分かりやすい例としては、一般町民が務める観光ガイドの存在が挙げられる。観光ガイドは、内子座が再興してまもなく有志の町民らが中心となってボランティアベースでスタートした。希望する観光客を引き連れ、町並みや施設を案内し、ただ眺めるだけでは知ることのできない意味や背景の物語について丁寧に説明していく。例えば、内子座の正面で行われるガイドはこのようなものだ。「上をご覧ください。神社でよく見かける曲線の屋根・唐破風。その両側に何か動物が座っていますが分かりますか。そう、右の足を上げた狐です。招き猫ならぬ招き狐。商売繁盛、あるいは千客万来を願った狐の像です。稲荷信仰では神様の使いであり、内子座の敷地内にも稲荷信仰のお社があって、劇場内部にもお稲荷さんを祭った神棚があります。おそらく劇場の屋根に乗っている狐は日本でここだけでしょう。」二〇一一年からは内子座の専属ガイドも雇用され在勤しているが、有償無償に関わらず、彼らはもてなしの心を持って学び、また自らの言葉として（時にユーモアも交えながら）語れるように、愉しみながら修練を重ねている。

また、隣接する六日市に目を向けると、町民によって町並みをより良いものにしようと施された創意工夫があちらこちらに見て取ることができる。内子町商工会女性部の関係者が古風な壺を準備し率先して季節の花を飾り、道行く観光客を愉しませようとしている。内子まちづくり商店街協同組合が国の補助事業により景観樹の植栽とその樹木の下に木のベンチを置くなど、まちかどの憩いの空間を作っている。さらに、店舗前をセットバックさせて駐車場兼植栽を敷設して商店街通りに緑の空間を増やす店舗もある。六日市はかつて町によって重伝建化が模索されたものの町民の反対によって断念された過去があるが、今や町並みに対する意識は保存地区にも劣らぬほどに深く根付いている。

さらに、行政が牽引してきた観光振興の分野に積極的に乗り出す民間組織もある。その代表は二〇〇四年に商店街の後継者たちによって結成されたＮＰＯ法人 Project A.Y. である。彼らは商店街にレトロバスを運行させようというプロジェクトを立ち上げ実現させるなど、ユニークな試みを行っている。そうした動きは既存の観光振興という言葉では表しきれない朗らかさと靭《しな》やかさを持っており、まるでそれ自体が彼らの表現であるかのようにも感じられる。そしてこれは興味深いことだが、彼らの中には内子座での興行に何らかのかたちで関わっているメンバーも少なくはない。

内子座と、内子座再興後に町民に広がった町並みに対する意識にどのような因果関係があるのか、残念ながら具体的なデータを持って説明することはできない。しかしその間に相関関係があることは、本書巻末に掲載した次世代の担い手たちによる座談会をお読みいただければ明白である。座談会において語られた「内子座は『内子の暮らしの象徴』みたいな意味もあるけんね」という発言がそれを端的に表している。

二足のわらじ問題

このように、再興の直前に町民から示された「まちづくりのよりどころ」としての三つの有り様は、個々の次元において概ね望まれた道筋で内子座を成長に導いたと考えられる。もし内子座の再興がなければ、内子の町並み保存を軸としたまちづくりがこれほどまでに進められることはありえなかっただろう。内子座は、確かに内子の町とそこで暮らす人々にとって、まちづくりのよりどころとして機能してきたのである。しかしその一方で、今の内子座がかならずしも町民に望まれたとおりの姿になっているとは言えない側面もある。それどころか、当初描かれた多層的な有り方そのものが、そのバランスを崩し始め、何本かの大きな亀裂となって浮かび上がってさえいる。その一つが観光施設と劇場の「二足のわらじ」で収入を得ていることの折り合いである。

すでに述べたように、観光施設としての内子座は収入は年間で約一千万円で、管理運営にかかる年間費用約一一〇〇万円の大部分をこれによって賄っている。一方、劇場としての使用料の収入は年間約三〇日〜六〇日稼働しても一〇〇万円にすら届かない。有り体に言えば、劇場として使用されるよりも観光施設として見学者を受け入れている方が大きな収入になるのである。原則に立ち返ると、それは「町民文化の向上に役立つ拠点施設」としてであり、例えば地域の公民館や文化ホールと同様に、町民からの劇場使用のニーズに優先して応える必要がある。しかしそれと同時に内子座には、その管理と運営にかかるコストを観光施設として活用することで得ることが求められている。この二面性は時に衝突を起こし、例えばゴールデンウィークなどの繁忙期において町民の使用が制限されたり、また遠方から訪れた観光客の入場が制限されたりといった運営上の問題を引き起こしている。当然、管理運営を担う現場スタッフには難しい舵取りが強いられる。可能な限り観光客を迎え入れる時間を作り出すため細かいスケジュールが組まれ、劇場使用者との折り合いがつけば、リハーサル中でも邪魔にならない範囲で見学を受け入れるなどの対応はとられている。しかしながら、興行を計画する町民から「どうして興行に人が入る日程で使わせないのか」と詰め寄られたり、年配の観光客からは「年齢的に次の訪問は難しいので、なんとか入れてほしい」と懇願されたりといったことは後を絶たない。「いったい誰のための内子座なんだ?」そんな問いが現実の上で突きつけられている。

このような状況を生み出した背景には、単に「二足のわらじ」という構造上の問題だけではなく、町民が内子座の運営そのものに直接関与しにくくなっている現状もある。要望書にもある運営の適切化を図るための町民参加の運営委員会は、再興当初こそ活発に機能したが、二〇〇五年頃を境に開催されなくなり、やがて消滅してしまった。以降町民が内子座の運営に直接的に関わるテーブルは用意されていない。近年では町と住民とが特定の興行実現を目的とした実行委員会を結成することこそ多いが、それも町の企画に対して賛同する町民が力を貸しているに過ぎず、内子座をどのように運営していくべきかといった議論を行う場とは程遠い。このことに対する一部の町民の不満は大きく、巻末の座談会においても強く指摘されている。

実際の管理・運営を町が担っている以上、果たすべき責任の所在は内子町にある。しかし岡田が言うように、まちづくりの基本は住民参加である。今後〝まちづくりのよりどころ〟としての内子座がより力強くその役割を果たしていくためには、町民を運営そのものに巻き込んでいく知恵と努力が求められる。

論考3　内子町のまちづくりと内子座

鈴木茂

内子座がもたらした活気

内子座は現存する数少ない芝居小屋[※1]の一つであり、伝統的な歌舞伎を演ずる歌舞伎役者や現代劇を演ずるアーティストにとっても、鑑賞者にとっても人気の高い芝居小屋である。内子座は大正天皇の即位を記念して一九一六年に地域の商工業者によって創建された芝居小屋であり、創建一〇〇年を迎える。

戦後、高度成長期になると、映画・TVの普及によって内子座での歌舞伎などの興行は低迷した。このため芝居小屋は改造され、解体して駐車場にされる計画であった。内子座が復原・保存されたのは、内子町において町並み保存事業が推進されていたからである。全国的な歴史的建造物保存運動とそれをベースに一九七五年には文化財保護法が改正され、歴史的建造物が保護されるようになったからである（重要伝統的建造物群保存地区。以下、「重伝建地区」）。全国的な町並み保存運動がなければ内子町の八日市・護国地区が重伝建地区として保存されることはなかったし、内子座が復原・保存されることもなかったであろう。同時に、内子座が保存され、歌舞伎役者をはじめアーティストを招いた公演会の開催が内子町の知名度を上げ、全国各地から観光客が訪れるようになった。観光客は中心商店街である六日市商店街を経由して内子座を訪れる。六日市商店街は保存地区ではないが、内子座が復原・保存された結果、週末や休日には大勢の観光客の姿が見られるようになった。合併前の内子町は人口一万人程度の小さな自治体[※2]であるが、内子町の商店街には若い後継者が戻り、活発な地域活動に取り組んでいる。地方都市の中心商店街がシャッター通りになっているのと対照的である。

以下では、第1節において、解体計画のあった内子座を復原・保存へ大きく軌道修正する要因になった内子町のまちづくりとその特徴、第2節では内子座の修復・復原とそれがもたらした経済的効果、第3節では、内子座が直面している問題、最後に内子座を核とした都市と農村の交流について述べてまとめとしたい。

内子町のまちづくりの特徴

1　住民主体のまちづくりと学習活動

内子町のまちづくりの特徴は住民主体のまちづくりをコンセプトとして推進されていることであり、一九七〇年代に開始された町並み保存事業が内子町のまちづくりの基本スタイルを形成した。一般に、地方自治体の公共事業は予算が議会で承認され、用地買収ができれば、反対意見があっても実施することが可能である。しかし、町並み保存事業は住民の私有財産である建造物を保存するものであるから、住民の合意なくして実施することができない。しかも、保存は「重要伝統的建造物群保存地区」として保存するものであるから、当該地域の住民全員が合意しなければ、保存地区として認められない。関係住民の合意を得るためには、まず担当職員が町並み保存の意義を十分認識するとともに、住民も建造物の文化的価値や保存制度の意義を学習して理解する必要がある。

重伝建地区が文化財保護法によって保存されるようになるのは一九七五年の法改正以降であるから、自治体及び担当者にとっても先例の少ない事業であった。妻籠・高山などの先進地を視察して学ぶとともに、建築史などの専門家に協力を求めることが必要であった。その結果、行政の枠内での事業内容の理解や実施ではなく、全国的な取組について理解し、専門家との知的ネットワークを構築し、住民の合意を得るための学習活動が必須の条件であった。

町並み保存事業を通じて学習を基礎とした住民と行政の協働のまちづくりの仕組みが構築されたのである。文化財保護法による重伝建地区の制度が整備されるのと並行して、内子町においては町並み保存に取り組んだ。担当職員は前例のない事業を担当することになったのであり、学習しなければならない。その結果、大学や研究機関の研究者との知的ネットワークが構築されたのである。町並み保存事業を通じて全国的なネットワークに接続することができたことは、その後のまちづくりを推進する上で重要な意味を持つことになる。町並み保存事業を通じて学習が内子町のまちづくりの遺伝子として植え込まれたのである。

2　木蝋産業と地域の経済的・文化的豊かさ

内子町が住民主体のまちづくりを推進することができたのは、住民と行政による協働のまちづくりの仕組みを構築できたからであるが、その基礎に住民の文化的意識が高いこと、すなわち民度の高さを指摘しなければならない。内子町は江戸末期から明治期に木蝋産業の産地として発展し、最盛期には全国の木蝋生産の三割を占めていたという。

木蝋産業は九州を中心に西日本一帯に広く展開していた。内子町が日本一の木蝋の産地としての地位を確立できたのは、独自の木蝋精製技術を確立したからである。本芳我家初代芳我《はが》弥三右衛門《やざえもん》が文久年間（一八六一〜一八六四）に「伊予式蝋花箱晒法」を確立し、良質の木蝋を効率的に生産することを可能にしたことである。木蝋は櫨の実から絞った生蝋《きろう》（緑色をしている）を太陽光に晒して精製し、白蝋（晒蝋）にする。このために生蝋をカンナで薄く削り、夏の太陽光線に晒して漂白する作業が必要であった。固めた生蝋をカンナで薄く削る作業は手間のかかる作業であり、かつ、均質に薄く削るには熟練を要した。弥三右衛門は、夜トイレに行った時、照明用のローソクの滴が手水鉢に落ち、水面に薄く広がることにヒントを得て、蝋花の簡易な製造方法を考案した。すなわち、加熱して液状にした生蝋を冷たい水の中に流し込み、こん棒で撹拌すると薄い膜（蝋花）が生成される。この方法によれば、均質な薄片を簡単に作ることができるから、品質の高い白蝋の生産効率を飛躍的に高めることができた。さらに、「伊予式蝋花箱晒法」のもう一つの技術的特徴は、蝋花を太陽光に晒す時、薄い木箱に入れて晒すことである。九州地域では筵の上で晒すが、この方式では突然の雷雨などのために収納作業に手間取ることになる。「伊予式蝋花箱晒法」であれば、箱を積み重ねるだけでよいから、突然の雷雨にあっても対応は容易であった。

高品質で効率的な白蝋精製技術を確立したことが内子町を日本一の木蝋産地にした。明治維新後は断髪令により木蝋需要が減退したが、芳我家は海外市場に活路を見出した。

内子の木蝋は海外でも高く評価され、一九〇〇年にはパリ万博で銅賞を獲得した。

輸出産業となった木蝋産業は富と世界の文化を内子にもたらした。木蝋産業がもたらした富と文化は内子町から大勢の人材を輩出することになった。日本のビール王といわれ、日本商工会議所会頭、第三次吉田内閣の通産大臣を務めた高橋龍太郎(一八七五〜一九六七)、日商岩井の会長を務めた高畑誠一(一八八七〜一九七八)、ノーベル文学賞作家大江健三郎(一九三五〜)等を輩出している。

こうした内子町の経済的文化的豊かさが地域文化の殿堂とも言える芝居小屋内子座を誕生させたのである。内子座が創建された頃はパラフィン蝋と電燈の登場によって内子の木蝋産業が衰退していった時期であるが、木蝋産業がもたらした富の蓄積、地域住民の文化的意識の高さが内子座創建に突き動かしたものと考えられる。内子座は一九一六年に地域の豪商達の共同出資によって建設されたものであり、民間活力によって建設された。また、内子座に掲げられた扁額《へんがく》「遊於藝」には創建者達の心意気が示されている。

3 全国的な歴史的建造物保存運動と内子町の町並み保存

内子町のまちづくりの特徴は、地域の歴史文化を活かし、住民主体のまちづくりに取り組んでいることであるが、歴史的建造物の全国的な保存運動の高揚と文化財保護法の改正によって「重要伝統的建造物群保存地区」制度が確立したことがその背景にあることを看過してはならない。町並み保存運動は妻籠や奈良県今井町などの保存運動として一九六〇年代後半頃から開始された。一九六八年に「妻籠を愛する会」が発足したのに続いて、「今井町を保存する会」(一九七一年)、「有松まちづくりの会」(一九七三年)などが結成され、一九七四年には「町並み保存連盟」が結成された。そして、一九七五年に文化財保護法改正による伝建地区制度が導入されたのを契機に、町並み保存運動をベースに「全国町並み保存連盟」(理事長前野まさる)[※3]が設立された。保存連盟は、一九七八年から「全国町並みゼミ」を開催し、情報交換、事例の検証、会員相互の交流を行っている。こうした全国的な町並み保存運動が基礎となった重伝建地区制度が文化財保護法によって確立し、重伝建地区制度の中に「住民主体のまちづくり」が基本コンセプトとして組み込まれていたのである。「町並み地区に居住する住民は、……町並み保存を軸にした将来のまちづくりの方向性を互いに確認しあう。そして住民の自らの意思で、伝建地区の受け入れを決める」のである[※4]。

全国的な歴史的伝統的建造物の保存運動を背景に文化財保護法が改正され、歴史的な町並みが重伝建地区として保護対象となったのであり、一九七二年には法改正へ向けた第一次調査対象地域に内子町が選ばれた。

内子町が町並み保存の第一次調査対象地域に選定されたことは、地域住民が町並みの文化的価値に目を向ける大きな契機となった。老朽化し、屋根がずれ、壁が剝離した建造物の価値を多くの住民は認めていなかった。保存よりも、解体して新たに立て直すことを望む声の方が多かったという。全国的な運動の中で内子町の歴史的建造物の価値について行政や住民が認識を始め、先進地視察や講師を招いた学習会によってその文化的価値を認識するようになるのである。中でも画家の井門敬二[※5]は町並みの文化的価値を主張した。また、『アサヒグラフ』(一九七五年)が他の候補地域とともに内子町の町並みを特集したことが住民の意識を大きく変える契機となった。そして、一九八二年、八日市・護国地区が全国で一八番目に重伝建地区に選定され、歴史的建造物の文化的価値が確認された。また、翌一九八三年、愛媛県は内子町の八日市・護国地区、本町筋地区を愛媛県の文化の里「木蝋と白壁の町並」に指定した。

内子町が文化財保護法による重伝建地区に選定されたことが、保存地区外にある大正期の芝居小屋であり、解体して跡地を駐車場にする計画が持ち上がっていた内子座を復原・保存させることになったのである。

町並み保存と内子座の復原・保存

1　戦後の内子座の荒廃と復原・保存

内子座は大正天皇即位を記念して、信用組合理事長の中田鹿太郎他一七名の発起人によって一九一六年に創建された。発起人は中田のほか、製糸場経営の浅野幸三、芳我弥左衛門、酒造業の菊坂松枝などであった。大衆娯楽の乏しい大正期及び昭和戦前期には、歌舞伎、人形芝居、映画上映など、内子座は地域住民の娯楽の場として活用された。

しかし、戦後になると映画・TVの普及によって内子座は芝居小屋としての機能が低下した。一九五〇年二月には一階の枡席は撤去されて椅子式に改造された。一九六七年三月には株式会社内子座が解散され、それにともない、内子座は建物部分のみ内山商工会の所有となった。商工会は内山商工会館に転用するため、両桟敷・二階桟敷の撤去などの大改造を行い、商工会館と映画・演芸会場として使用した。他方、高度経済成長にともなうモータリゼーションの進展は内子町も例外ではない。マイカーの増加と駐車場不足を顕在化させ、内子座は解体して跡地を駐車場にする計画が持ち上がった。

解体される予定であった内子座の運命を大きく変えることになったのは八日市・護国地区が文化財保護法による重伝建地区に選定されたことである。駐車場計画を中止し、復原・保存に大きく舵を切ることになった。内子町は一九八〇年には内子町伝統的建造物群保存地区保存条例を制定し、これに基づいて同年に保存計画を策定し、さらに一九八一年には八日市護国伝統的建造物群保存地区を都市計画決定し、保存していくことを決定した。一九八二年四月一七日、八日市・護国地区は重伝建地区に選定された（全国一八番目）。重伝建地区としての選定は内子町の進路を大きく決定するものであり、同年九月一六日には商工会は内子町に内子座を寄附した。寄附を受けて、内子町は九月二九日に内子座を内子町指定有形文化財に指定した。内子座の運命は解体から復原・保存に大きく転換されたのである。一九八五年九月には内子座の修理復原工事が完成した。事業費は約七千万円である。同一〇月から供用開始された。

その後、一九九三年には第二期内子座整備事業として、奈落、迫、鳥屋、照明器具、音響設備などを整備し、内子座文楽などの大規模な興行を打つことが可能になった。事業費は約四千万円である（町単独事業）。さらに、二〇一一年六月には、内子文化芸術活動支援センターとして楽屋の整備が行われた。事業費は約一億円である。内子座の復原修理に約二億一千万円が投入されたことになる。

2　内子町の全国ブランド化と観光客の増加

内子座の復原・保存は内子町の知名度を高めることになった。内子町の中で観光客に最もよく知られた観光スポットは内子座である。松山大学経済学部鈴木ゼミナールの学生と内子町との連携で行ったアンケート調査[※6]によれば、内子町の観光スポットの中で観光客が最もよく知っている施設名を挙げてもらうと、内子座が二四パーセントと最も多かった。町並み保存地区（一一パーセント）や上芳我邸（一一パーセント）の二倍以上である。内子座は八日市・護国地区が重伝建地区に選定されたことが大きな要因になって復原・保存されることになったが、観光客に最も人気のある観光スポットであり、内子町が取り組んでいる町並み保存事業の代表的施設として認識されていることが分かる[※7]（図1参照）。

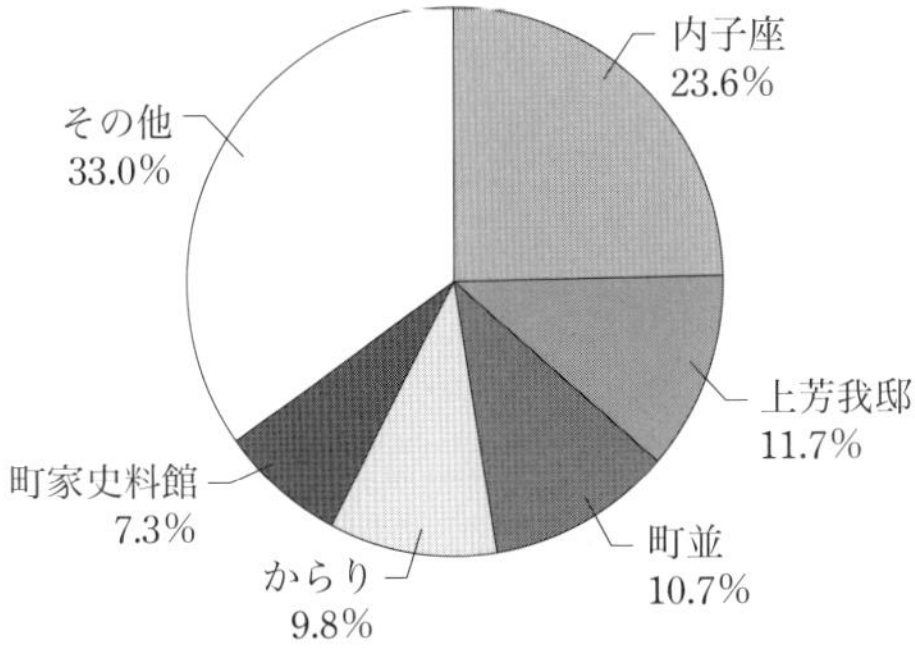

図1　来訪前から知っていた観光スポット

保存地区の多くは生活・産業地区（製蝋町）である。地区内には、内子町が上芳我邸を木蝋資料館として公開し、土産物店・飲食店や宿が少しずつ開設されているが、江戸末期から明治期の建造物群が保存されているに止まる。内子座の復原・保存は内子町のブランド化をもたらし、愛媛県の代表的な観光地として認知される大きな要因になった。内子座の復原・保存は大正期の建造物（芝居小屋）を復原しただけでなく、歌舞伎や人形浄瑠璃など、日本の伝統的な芸能の公演を可能にし、歌舞伎役者や演劇ファンに知られるようになった。内子座の収容定員は二階席も含めて六五〇人と言われるが、客席と舞台との距離が短く、観客は俳優の息遣いを身近に感じることができる。また、演技者は歴史のある芝居小屋で観客の表情を身近に見ながら演ずることができる。内子座は俳優及び観客双方に人気がある芝居小屋である。

八日市・護国地区が重伝建地区に選定され、内子座が復原・保存された結果、内子町は愛媛県南予地域の代表的な観光地になった。最盛期の二〇〇四年には入込み観光客数は六〇万人を超えた。また、内子座の入館者数は七万四一一三人を記録した。この年は「えひめ町並博二〇〇四」が南予地域において開催され、南予地域を大勢の観光客が訪れた。四月末から一〇月末までの開催期間中に「町並み博」開催地を訪れた観光客数は一七三万三九二二人を記録し、第九回ふるさとイベント大賞・選考委員特別賞を受賞した。内子座では歌舞伎公演が行われ、内子座をはじめ内子町への入込観光客が大きく増加した。アンケート調査によれば、南は沖縄、北は北海道まで、全国各地から観光客が内子町を訪れている。一九七〇年代まで内子町を訪れる観光客は限りなくゼロに近かったと言われていた状況と比べると大きな違いである（図２参照）。

3 内子座の復原・保存と中心商店街の活性化

内子座の復原・保存は内子町の中心商店街の活性化に大きく貢献している。内子町の中心商店街は六日市商店街であり、東西約一キロメートルに及ぶ(※8)。内子座が六日市商店街にあるから、団体バスやマイカーで内子町を訪れた観光客は町並み駐車場から八日市・護国地区を経由して六日市

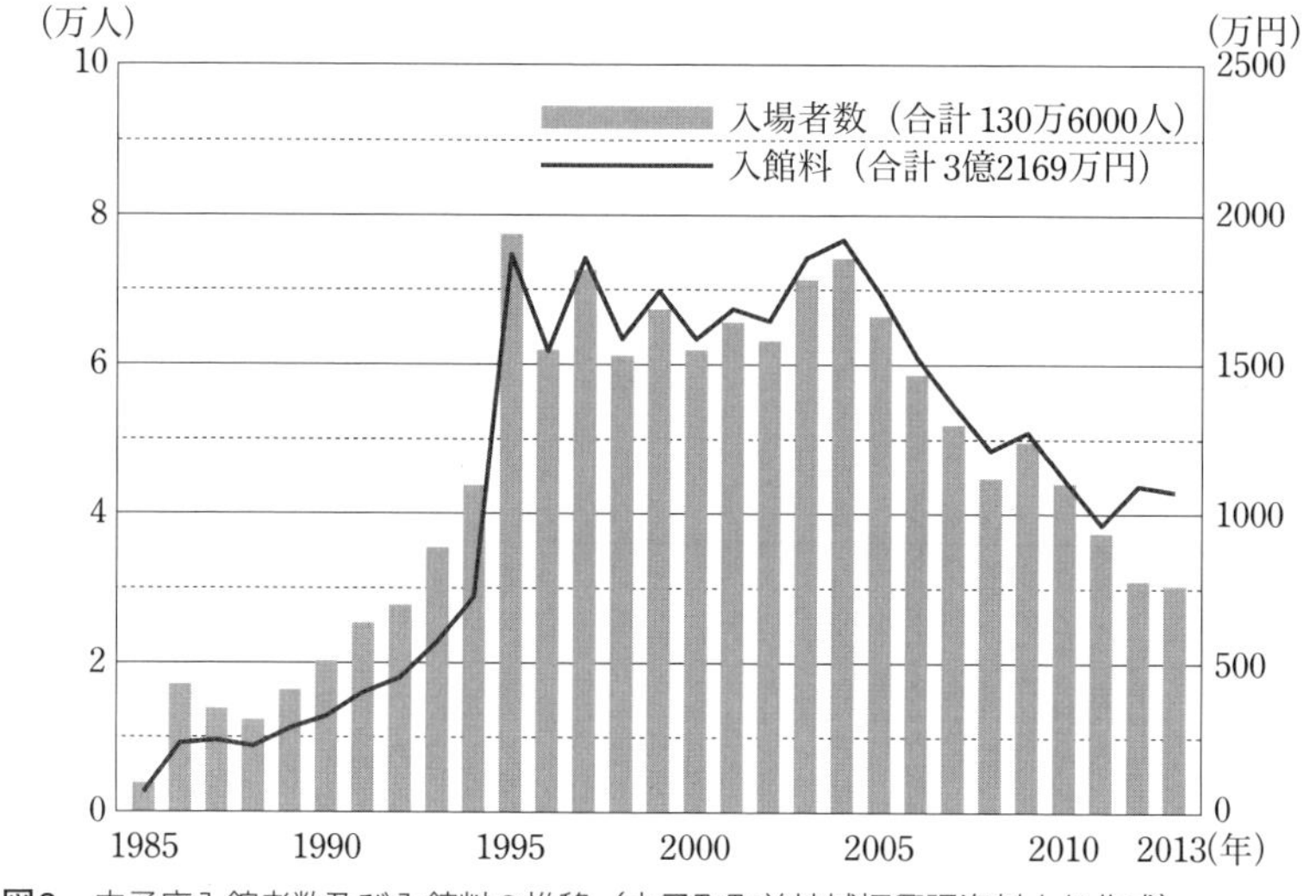

図2　内子座入館者数及び入館料の推移（内子町町並地域振興課資料より作成）

商店街にある内子座を訪れることになる。また、歌舞伎や人形浄瑠璃が上演される時には全国からファンが訪れる。その結果、旧内子町は人口一万人程度の小規模な自治体であるが、中心商店街には多くの観光客が訪れ、商店の後継者である若者が大勢いる。内子町商工会青年部に所属しているメンバーは二〇一五年一月現在、正部員三五名（賛助部員を含めると五五名）を数える。[※9] 多くの地方中小都市中心商店街がシャッター通り化し、活気が失われているのと対照的である。

　後継者となる若者が多いことは、商店街に活気をもたらしている。観光客の増加は様々な消費支出（市場）を地域にもたらし、ビジネスチャンスを提供している。伝統的な和菓子店に加えて個性的なスイーツ店や飲食店・宿泊施設が少しずつ開店されている。また、若者達が協力してNPO法人 Project A.Y. や内子まちづくり商店街協同組合を立ち上げ、「まちの駅 Ｎａｎｚｅ」を開設したり、レトロなバス（ちゃがまる）の運行、空き店舗の活用策など試行錯誤を重ねている。八日市・護国地区の歴史的町並み保存や内子座の復原・保存を通じて内子町が全国的に知られ、観光客が訪れるようになったことが、若者達に内子町の将来に可能性を感じさせたのであろう。

内子座を取り巻く環境変化と直面する課題

1　観光客数の停滞・減少傾向

内子町を訪れる観光客は合併前の二〇〇四年をピークに減少傾向にある。観光客の減少は、道後・足摺観光を中心とする団体観光客が減少傾向にあるからである。観光客の旅行行動が団体旅行から個人旅行へ転換しつつあると言われているが、内子町を訪れる観光の多くはまだまだ団体観光が多い。

　入込み観光客数が停滞、減少傾向にある大きな要因の第一は、円高ドル安の進行であり、日本人の観光需要は海外旅行に転化し、国内観光旅行が伸び悩んでいる。海外旅行者数は一九八五年の年間四六五万人から急増し、一九九五年には一五二九万人、約三倍に増加した。このため、多くの観光地域では「観光不況」に直面し、対応を迫られることになった。[※10]

　第二は、架橋効果が薄れてきたことである。一九八〇年代末から一九九〇年代末にかけて四国の観光地は架橋効果によって観光客が増加した。一九八八年の瀬戸大橋の開通から大鳴門橋（一九八五年、一六二九メートル）・明石海峡大橋（一九八八年、三九一一メートル、世界最長の吊り橋）・しまなみ海道の開通（一九九九年供用開始）と続く架橋効果によって観光客が増加した。しかし、架橋効果は一時的なものであり、しまなみ海道の架橋効果が表れた一九九九年には愛媛県全体の入込み観光客数は二六四六万人に増加したが、翌二〇〇〇年には二三七二万人、一〇パーセント以上も減少した。[※11]

第三は、バブル経済崩壊による不況の長期化である。一九八九年から一九九一年を境に日本のバブル経済が崩壊した。四国地域は他の観光地域が円高とバブル経済崩壊・長期不況の下で入込み観光客数が減少していた時期、架橋効果による一種の観光ブームにあった。一九八七年の「リゾート法」による一時的ブームがあったが、バブル経済崩壊によりリゾート開発ブームが過ぎ去った。加えて、二〇〇八年のリーマンショックによる長期不況、さらに二〇一一年の東日本大震災は、観光客数を減少させた。その後愛媛県を訪れる観光客数は、ＮＨＫの大河ドラマの放映効果などで増勢に転じたが、微増に止まっている。[※12]

第四は、日本全体では訪日外国人が増加しているが、中四国地域では訪日外国人はあまり増加していないことである。日本政府は産業構造の転換とグローバル化、観光に関わる国際収支の赤字状況の是正を課題に「観光立国」構想を提示し、ビジット・ジャパン・キャンペーンを行い、訪日外国人観光客の増加を図ってきた。二〇一〇年に訪日観光客を一千万人に倍増させる計画を立てたが、鳥インフルエンザ、新型インフルエンザ、韓国や中国における反日運動に直面し、目標達成が遅れた。しかし、アベノミクスによる急激な円安、ビザ発給条件の緩和、観光客誘致プロモーション活動などによって、訪日外国人は二〇一三年には一〇三六万人、二〇一四年には一三四一万人を記録した。しかし、訪日外国人が訪れているのはいわゆるゴールデンルートであり、地方圏では北海道と九州である。四国地域には中国地域とともに訪日外国人全体の数パーセントしか訪れていない。[※13]

また、内子座の入館者数は二〇〇四年の七万四千人をピークに減少に転じ、二〇一三年には三万三七二人、二〇〇四年の半分以下に減少した。[※14]

2　経済効果の限定性

観光客が増加したが、その多くは団体観光であり、内子町への経済効果は決して大きくない。観光客の多くは道後・足摺を巡る四国二泊三日の団体旅行の途上内子町を訪れたものであり、内子町での滞在時間が短く、消費支出も大きくない。アンケート調査によれば、滞在時間二時間以内が七割近くを占めている。三〜四時間を含めると九割以上を占める（図3参照）。

これは、内子町を訪れる観光客の多くは日帰り観光客であり、宿泊客が少ないことが大きな要因である。内子町に宿泊する予定の観光客は全体の六パーセントにすぎない。大半は松山市の道後地区に宿泊すると見られる。内子町の宿泊施設があまり知られていないことや大人数を受入れる宿泊施設がないことが要因であるが、同時に観光客の多くが四国団体旅行の旅程の一環として内子を訪れているからである[※15]（図4参照）。

内子を訪れる観光客は増加しているが、滞在時間が短く、日帰り観光が多く、宿泊しないから、内子町での観光客の消費支出は大きくない。消費支出額を尋ねたところ、一千

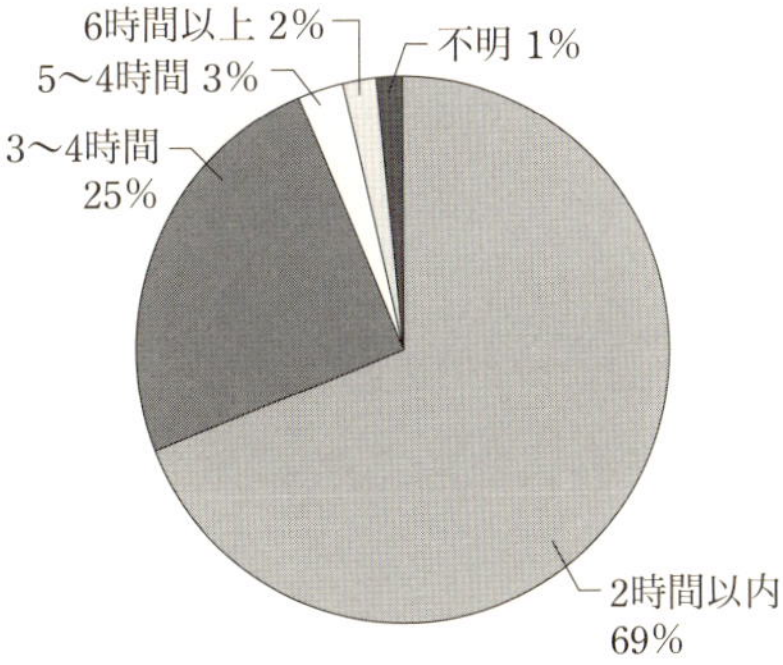

図3　滞在時間別割合

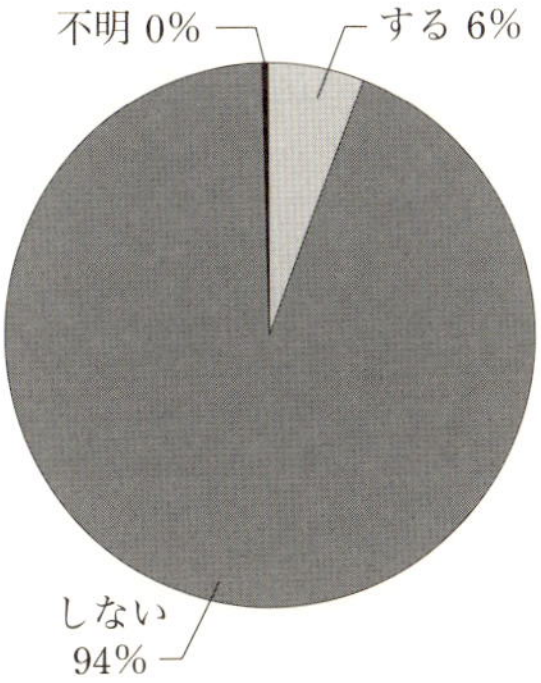

図4　内子町で宿泊するかどうか

円未満が一九パーセント、一〇〇一～三千円未満が三〇パーセントを占め、支出額〇円を含めると三千円未満が半分以上を占めた。消費の大半が飲食費と土産物であるが、「買うものがないんだよなあ」という観光客の言葉が象徴的であった（図5参照）。

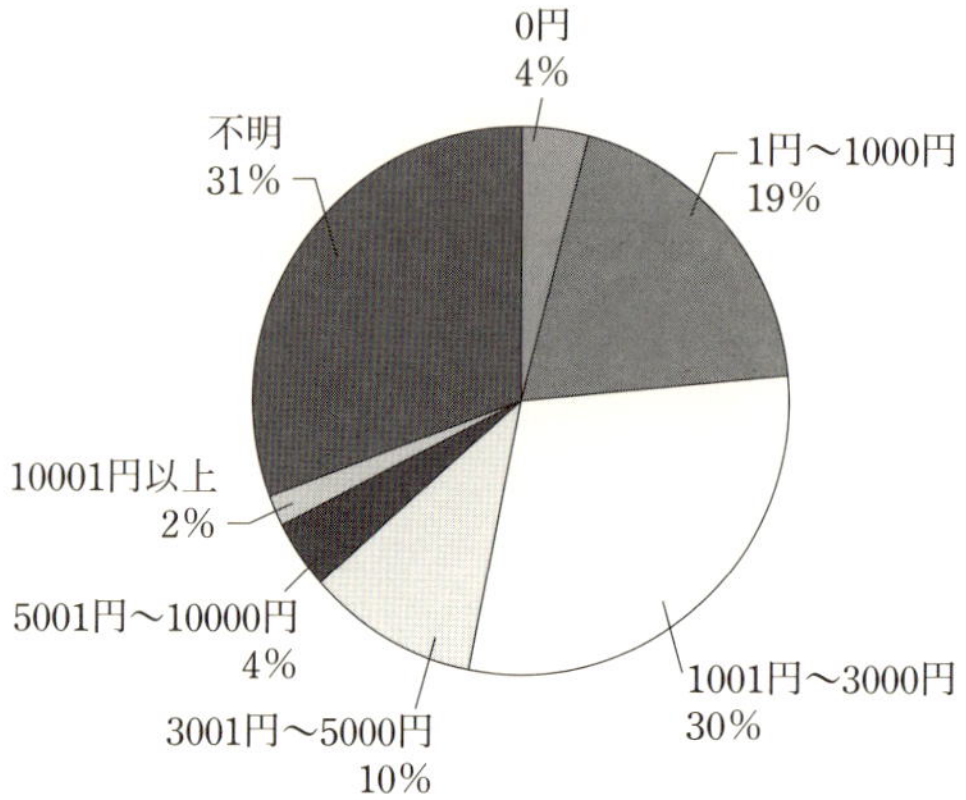

図5　消費支出額

3　内子座をめぐる新たな動向

内子座の入館者は減少傾向にあるが、内子町及び内子座を訪れる観光客が少しずつ変化しつつある。

その第一は、内子町が国際的な観光地として認定されつつあることである。国際的なフランスの観光ガイドブックであるミシュランが内子町と内子座について一つ星の評価を与えたことである。二〇一四年のミシュランによって星（一～三）がつけられたのは愛媛県内で一一ヶ所であるが、内子町全体と内子座が一つ星の評価を獲得したことである。

第二は、ミシュランガイドで評価されたこともあるが、海外で発行される日本の旅行ガイドブックに内子町のことが紹介され、その情報をもとに内子を訪れる外国人が増加しつつある。内子町はもちろん愛媛県を訪れる訪日外国人はいわゆるゴールデンルートにある地域や北海道・九州地域に比べるとまだまだ少ない。しかし、日本を訪れる外国人は日本の伝統的な景観や生活文化を求めて歴史的景観を保存した内子町などを訪れ始めている。内子町を訪れた外国人の私的ネットワークを通じて外国人が内子町を訪れるようになるであろう。伝統的な建造物である内子座の復原・保存と同時に伝統文化である歌舞伎や人形浄瑠璃が頻繁に上演されていることが内子座の魅力をさらに高めるに違いない。

第三は、南海トラフなどの巨大地震に対応した内子座の耐震改修工事にともなう財政負担である。小規模自治体が耐震改修工費を全て負担することは困難であろう。重要文化財指定などによって内子座の持続的な保存の仕組みを構築することが必要だ。[※16]

内子座を核とした都市と農村の交流

内子座は一九八五年の復原・補修以来、全国から観光客が訪れ、内子町の歴史的町並み保存の中核施設として重要な役割を果たしてきた。復原・補修費用を上回る入館料収入を得ており、内子座は財政的パフォーマンスのよい施設でもある。しかし、近年観光客数が伸び悩み、減少傾向にある。観光客数が停滞傾向にあるのは、不況の長期化と円高の進行などの外的要因に加えて、復原・保存された内子座の観光が歴史的建造物の見学にとどまることが多いことである。歴史的な建造物の見学であれば一度でよいということになる。内子座で常時何らかの演劇が上演されるようになれば、芝居の観劇を目的にリピーターが繰り返し訪れることになる。しかし、地方の小さな町で年間を通して芝居を上演することは財政的にも観客確保の面でも容易ではない。町民による演劇集団「劇団オーガンス」などの活動が期待される。

ところで、内子町のまちづくりは歴史的町並み保存だけでなく、村並み・山並み保存、さらには農産物直売所「内子フレッシュパークからり」などを拠点にして「高次元農業」の推進など、多様な領域に拡大している。内子町への入込み観光客を拡大するには、これらのまちづくりを総合し、相乗効果が発揮される仕組みを構築することが必要であろう。例えば、農産物直売所「からり」には松山市を中心に年間八〇万人の観光客が訪れているが、町並み保存地区にはその一部しか訪れていない。他方、保存地区には全国各地から観光客が訪れているが、からりや石畳地区、さらには、旧五十崎町や旧小田町まで足を伸ばすことが少ない。内子町にはこれまでのまちづくりによって都市と農村の交流の場が創出されている。これらの交流の場を活用し、個人旅行のニーズに対応した観光交流の仕組みを構築することが課題であり、ビジターセンターの役割が期待される。また、二〇一三年一一月二四日、国の登録有形文化財となった「旭館」[※17]は大正期の映画館であり、旭館と内子座とが連携して大正・昭和前期の大衆娯楽を鑑賞できる場として再生されれば、内子町の新たな観光スポットになる可能性がある。住民と行政による協働の取組みを期待したい。

※1　全国芝居小屋会議HPでは、現在も使用されている劇場九、転用または閉鎖されている劇場三、客席を常設している農村舞台一一が紹介されている（二〇一五年二月閲覧(http://www. kahogekijyo. com/zenkoku/zindex.html)。

※2　合併前の旧内子町の人口は二〇〇四年では一万一七二人、三町が合併した二〇〇五年の新内子町人口は二万七九七人であった（内子町役場資料）。

※3　特定非営利活動法人たいとう歴史都市研究会理事長、東京学芸大学名誉教授。

※4　中嶋耕、「町並み連盟の奇跡が教えるもの」全国町並み保存連盟編『新・町並み時代―まちづくりへの提案―』学芸出版社、一九九九年、一六〇頁。

※5　元愛媛県文化懇談会美術専門委員。

※6　アンケートは内子町と松山大学経済学部鈴木ゼミナールの学生との連携により、二〇〇五年一一月二六日に実施。実施場所は町並駐車場、上芳我邸前、内子座、JR内子、からりの五ヶ所であり、サンプル数は四四四である。

※7　からりは一〇パーセントを占めており、内子町の観光スポットの中で四番目に観光客によく知られている。なお、からり利用者の約四〇パーセント（三九・一パーセント）が松山市民であり、リピーターが多い。

※8　六日市商店街にも歴史的な建造物が多く残されており、内子町は重伝建地区にする計画であったが、地域住民の賛同を得ることができなかった。

※9　内子町役場資料。

※10　国土交通省『観光白書』各年版。

※11　愛媛県『平成二五年観光客数とその消費額』。

※12　NHK大河ドラマ「龍馬伝」（二〇一〇年）、同スペシャルドラマ「坂の上の雲」（二〇〇九〜二〇一一年）は、四国への入込み観光客数を増加させた。

※13　ミシュランガイドで内子町及び内子座は一つ星に評価している。また、海外で発行される日本旅行のガイドブックに内子町が紹介されており、次第に外国人の数も増えている。

※14　林慎一郎「内子座の保存と活用」稲本壽隆・鈴木茂編『内子町のまちづくり―住民と行政による協働のまちづくりの実践―』晃洋書房、二〇一五年。

※15　内子町での宿泊者を宿泊施設別にみると、農家民宿の宿泊者が増加する傾向を読み取れる。観光行動は団体旅行から個人旅行に変化しているから、宿泊施設の充実とともに内子町で宿泊する観光客も増加する可能性がある。

※16　内子町は内子座創建一〇〇周年を迎える二〇一六年を目指して重要文化財指定を目指して準備を進めている（『愛媛新聞』二〇一五年二月二五日）。

※17　旭館は一九二六年に一一人の発起人によって建設された活動写真館であり、一九六七年以来閉館されていた。

鈴木茂

一九四九年生まれ。京都大学大学院博士課程修了。経済学博士。松山大学経済学部教授、専門は財政学、地方財政論、地域経済学。二〇〇五年より内子町のまちづくりについて学生と一緒に定点観測している。内子町についてまとめたものに、「愛媛の地域づくり・産業おこし　―愛媛県喜多郡内子町の場合―」『松山大学論集』第一二巻第五号、「内子町における地域づくりと観光振興政策（一）」同、第一八巻第一号、「内子町における地域づくりと観光振興政策（二）」同、第一八巻第三号、稲本壽隆・鈴木編著『内子町のまちづくり―住民と行政による協働のまちづくりの実践―』（晃洋書房、二〇一五年）がある。

終章　受け継がれる町の劇場

一〇〇周年前夜、テーマは〝ことはじめ〟

二〇一六年二月二日、創建一〇〇周年を迎える。その来るべき記念日に向けて内子町は二〇一二年、一〇〇周年に関わる町主催・町主導事業の検討を行うため「内子座創建一〇〇周年事業企画・検討委員会」を結成した。四年近く前から事業企画の検討が行われるのは、単年度で計画が進むことが多い行政としては異例のことであった。

委員会は「内子座創建一〇〇周年」を冠してはいるが、当初から一〇〇周年をゴールとするイベントにとどまることなく、次の一〇〇年を見越した事業を企画し、全町民で参画しようという目標を立てて運営された。構成は、町長、役場職員や商店経営主や内子座で興行を行っている主催者、県立内子高校の高校生、マスコミ関係者などが、それぞれ対等な立場で活発に意見を出し合うことが心がけられた。高校生が参加していることからも分かるように、地域で減少している「若者」の意見の反映を意図していた。意見を出し合うだけではなく、町民参加を徹底して行う姿勢も示された。一〇〇周年ポスターは、内子座の公演ポスターも多く手がけている地元版画家の山田きよがデザイン、それを委員会メンバーが内子産の和紙に手作業で印刷した。

議論が始まると、「一〇〇周年をゴールにしてはならない」という意見が多数出され、熱心な議論の結果「内子座ことはじめ」を一〇〇周年のキャッチフレーズにすることに決まった。一〇〇年をスタートラインとして新たな未来を構想するという決意表明であった。これに基づき、三つの視角が提示された。一つ目が、一〇〇年のあゆみを様々な立場から振り返り、記録するアーカイブであった。内子座には、劇場史研究にとっても貴重な多くの史料が残されており、それを整理するとともに、内子座に関わった多くの人に対する

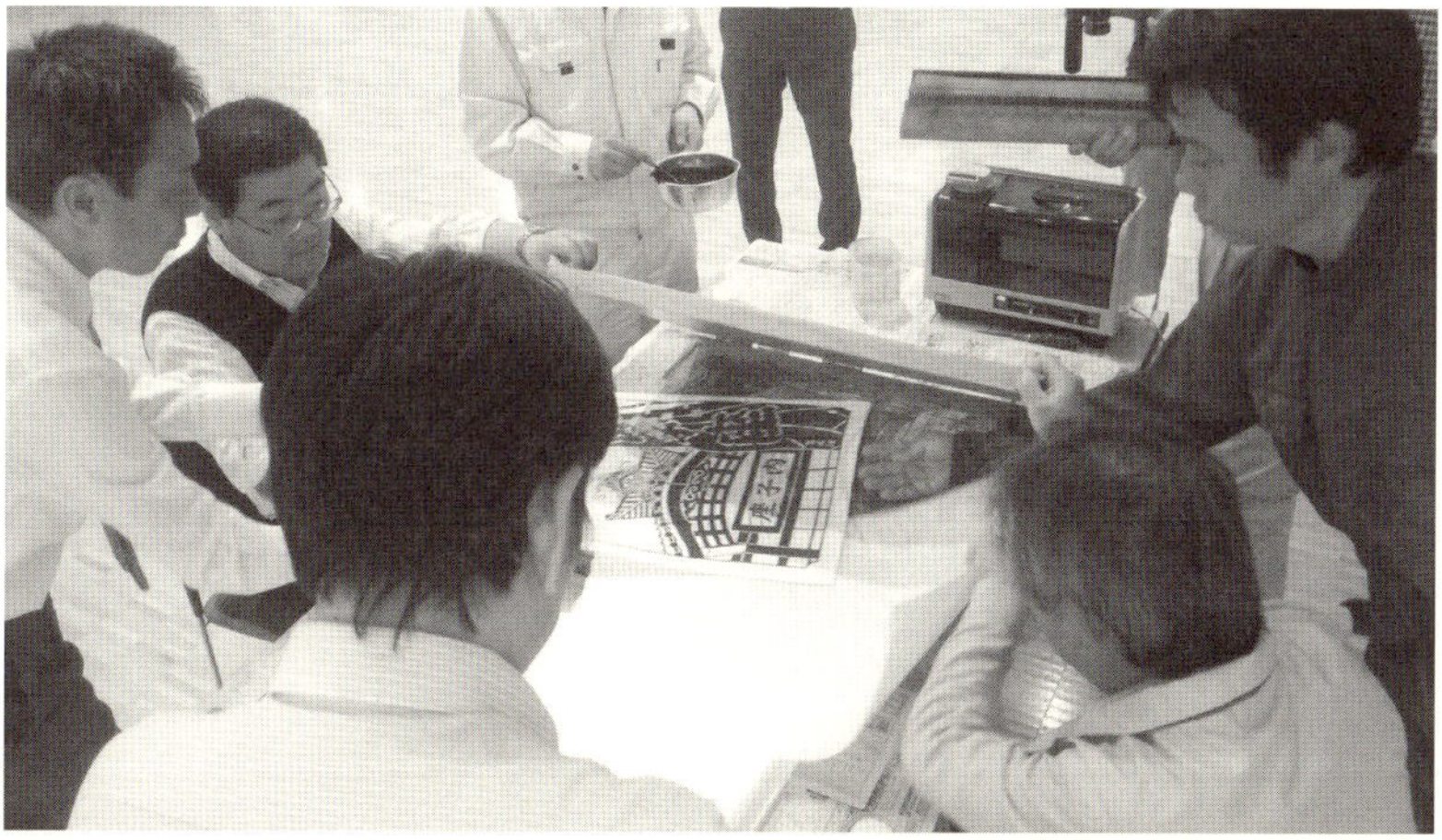

100周年ポスターの制作風景。内子産の和紙に1枚1枚シルクスクリーンで手刷りされていく。

インタビューを行い、その記憶や想いを記録することになった。本書は、そうした作業の成果物の一つであるが、編集委員会はこの事業企画検討委員会に置かれた。会議では、よくある記念誌に終わらせることなく、まちづくりや劇場運営に寄与し多くの読者を獲得する内容にするようにとの要求も出された。

二つ目に、人を育てること、特に次の一〇〇年を担う子供たちが内子座に親しみ、内子座に関わっていく道筋をつけることが最も重要なテーマであるとの意見が多くあった。

地元興行主たちがリードしてきた内子座は、再興後も、新しい興行主が楽しく興行するというのが特質であった。それゆえに、内子座で子供たち自身が創造的な活動を行うことや内子座に関わる人材育成をすることの重要性は語られながら、資金面や実施自体のハードルが高く、なかなか実現には至らなかった。まずは、子供たちに内子座を経験してもらうことから始めようという提案もあり、小学校の学芸会や内子芸能祭を行うなど、できることから進めていくことになった。

三つ目は、皆の心に残る鑑賞事業の実施であった。これまで実施してきた国立文楽劇場公演や実行委員会形式の公演、それに貸館公演は通常通り実施しながら、加えて、一〇〇周年の趣旨にあった企画を模索することになった。特に一〇〇周年記念式典時の公演には、柿落し興行の吉田傳次郎座の伝統を引き継ぐ淡路人形座（南あわじ市）公演が計画され、往時をふりかえりつつ新たな一〇〇年のスタートを切る柿落しとする姿勢を明らかにした。

一〇〇年目の舞台

先に挙げた二つ目の視角＝人材育成は、内子座を公共劇場と考えた場合、どうしても取り組まねばならない分野でもあった。人材育成には大きく分けて、劇場運営や興行に関わる人々を育てるプログラムと、次世代を担う子供たちや若年層に劇場に慣れ親しんでもらうプログラム、そして、やや専門的に舞台に立って創造的な活動を行うことを目指すプログラムがあると考えられている。そのいずれもが、比較的少数の参加者に対して、きめ細やかなレクチャーや作業を行うために、参加費負担では到底経費をまかないきれないケースがほとんどであり、いわゆる興行にはなじまない事業がすべてと言ってよい。

一〇〇周年を考える中、二〇一三年より町が主催して、公共劇場の基本的な考え方や舞台芸術の制作、舞台技術などを学ぶ講座「内子座物語をつくろう」が始まった。一年目は、いわき芸術文化交流館（いわきアリオス）支配人大石時雄の講演を皮切りに、最後は鴻上尚史を迎えて地元高校生らを交えたシンポジウムを行うなど、計八回の講座を実施した。この講座の開催は、二一世紀になってどちらかと言えば民間の興行が停滞する状況において、公共性を持ったあらたな興行主が生まれてくることをも企図していた。

また、二〇一四年より内子町内の小学生を対象として、大蔵流狂言師茂山千三郎らの指導による狂言ワークショップが始まり、二〇一四年度は計九日間のワークショップを行った。当初は、子供たちに内子座と伝統芸能に親しんでもらうことを意図していたが、実際に舞台に立って高度な芸能を演じるところまで至っており、二〇一五年夏段階で、小学生自身が演じられるレパートリーが三演目になった。一一月七日の「茂山狂言内子座公演」の際には、前半で「しびり」「口真似」「菌《くさびら》」を披露した。

なぜ内子座で子供たちに狂言なのか。もともと内子座では町主導で国立文楽公演が実施されている際に、いくどか子供たちへのワークショップが行われた。しかし、費用の問題はもとより、人形だけでも三人の熟練を要し、さらには太夫三味線も必要で、子供たちにはハードルが高かった。狂言は、演目の選択で参加人数が自由になるほか、特別な舞台装置を必要とせず、内容も古典芸能としては分かりやすいことから、子供たちも熱心に取り組んでいった。公演の衣装の作成を特産の和紙で試みるなど、内子ならではの工夫を凝らしている。どの時代においても、多様な芸能を受容してきた内子座ならではの試みであるとも言えよう。

茂山千三郎によれば、他地域での子供たちへのワークショップでは、最初の参加人数が多数でも数回のワークショップで数人に減ってしまうことが多いというが、内子の場合は町内各小学校からの参加者はほとんど減らず、二〇一五年秋段階でも三〇名以上の参加者が研鑽を積んでいて、「茂山狂言クラブ」を結成している。

この延長線に、鑑賞事業としての二〇一六年一〇月の東西狂言公演が計画されている。これは、茂山千三郎が属する京都の大蔵流と東京の和泉流野村万蔵たちが同じ内子座舞台で競演するという企画である。こうした大規模な鑑賞事業の取り組みが、子供たちとのワークショップと相まって、狂言を地域に定着させていくか、注目される。

演劇に関心を持つ町内外の人々に対するやや専門的な研修事業である「演劇大学 in 内子」（日本演出者協会・文化庁主催）も二〇一四年より始まった。

演劇大学は、毎年全国数ヶ所で実施されているが、内子座では、内子町の劇団「オーガンス」メンバーをはじめとする地元演劇関係者のスキルアップとともに、しばしば敷居が高いと言われる演劇鑑賞のすそ野を広げることを目的として、講座が組まれた。演劇大学の開催は、中央の演出家や劇作家たちに内子座の価値と特異性を知らしめることにもなった。演劇大学のトークセッションでは、彼らから、現在の公立文化施設とは異なる空間の劇場としての内子座の価値が語られたほか、内子座を中心として旭館や町並みなどの地域資源を生かした「内子演劇祭」の可能性も提案された。

主催公演ではないが、二〇一五年七月、人気俳優でダンサーの森山未來公演が実現し大きな話題となった。森山未來が内子町に一ヶ月間滞在し、イスラエル人アーティストのエラ・ホチルドとともにレジデンスをして「Judas,Christ with Soy ～太宰治「駈込み訴え」より～」という作品をつくり、内子座公演をスタートに、横浜公演、世界各地の公演が始まったのである。また、エラ・ホチルドは、内子の町民や子供たちとワーク

楽しみながらも真剣に狂言に取り組む子供たち。2015年11月「茂山狂言内子座公演」では、実際に舞台での発表も行われ、好評を博した。

ショップを行った。森山は、内子座について「伝統的な建物ではあるけれど、空気の抜けがいい。ただ守られているだけでなく、今を生きている劇場。僕らの作品がすごく和風になるっていうことはないけれど、この劇場と仲良くやってみるのが楽しそうだと思った」（『広報うちこ』二〇一五年七月）と語っている。

いわば、二つ目の視角が三つ目の視角＝鑑賞事業に繋がって展開されていると言えるだろう。高度な芸術の公演が、様々なかたちで広げ育てる事業に連鎖しているのである。

同年九月には、前進座や鴻上尚史主宰「虚構の劇団」の公演が行われるなど、劇場として順調な歩みを続けている。一方で、チケットの販売など、集客の面では一部の公演をのぞいて苦労が多く、また一過性の公演に終わることも多いため、継続的な発展には課題も多い。

重文化というスタートライン

一方、「文化財」としての内子座にも大きな動きがあった。二〇一五年七月、国の重要文化財に指定されたのである。芝居小屋としては、旧金毘羅大芝居（香川県琴平町）、八千代座（熊本県山鹿市）、康楽館（秋田県小坂町）についで四番目であり、大正時代の芝居小屋としては初めてとなる。内子座の重要文化財指定に関しては、文化庁は、指定理由を「部分的な欠失があるものの、主要部がよく残っており、地方の産業町に残る文化施設として貴重である。正面性を強調した外観、トラスの架構や採光のガラス窓の多用、正面からの舞台鑑賞を意識した客席など、芸能に適応し始めた近代過渡期の芝居小屋として、高い歴史的価値を有している」とした。いわゆる古い劇場として価値があるとされたのではなく、一九一六年という急速に芸能が人々に広がっていった時代の象徴として評価されたのである。

第4章で触れたように、一九八五年の内子座再興時に、その三年前に実現した八日市・護国地区の重要伝

滞在型創作に挑戦した、左から森山未來、エラ・ホチルド、吉井盛悟。2015年7月11日、12日、内子座公演「Judas' Christ with Soy ～太宰治「駈込み訴え」より～」に出演。

統的建造物群保存地区選定に関連して、重文化を探るうごきがあった。しかし六日市の重伝建選定が見送られたことや、町民からの現役の劇場としての内子座を望む声もあって、結果的には町の文化財指定をうけるにとどまった。その後も、内子座を劇場として、また文化財としてどのようにするかについては議論が継続してきた。一九九三年、一九九五年、二〇〇〇年の三回の改修は、奈落の掘り下げや空調など、演者・観客双方の劇場としての利便性を追求したものであった。

一方、近年、別の事情も生じている。一九九五年の阪神淡路大震災、二〇一一年の東日本大震災の二回の大災害を期に強化された耐震対策により、公共施設の耐震工事が必要になっていることがその一つである。また、改造を繰り返してきたこともあり、詳細な文化財調査と大改修が避けられない状況ともなっていた。耐震化をともなう文化財改修の場合、八千代座を例にとると、六年以上の年月と七億円を超える費用がかかっており、その間の収入源を勘案すれば、内子町単独で担える金額ではなかった。国重要文化財に指定された場合、「重要文化財（建造物・工芸品）修理、防災事業費国庫補助要綱」によれば、修復に五〇パーセント以上（内子座の場合はおおむね七割程度と推測される）の国庫補助が得られる。それを見越して町は、二〇一一年より「内子座調査検討委員会」を立ち上げ、建築学と文化史学の両面から調査を行ってきた経緯がある。

いずれにしても、内子座が重要文化財に指定されたことに対する熱狂は、町にはない。すでに重伝建地区をはじめとして上芳我家などの重要文化財があることもあるが、内子座に関わってきた人たちにとって、重要文化財化はゴールではない。内子座がどのような文化財であるにせよ、それが劇場であり続けることこそが大切だからである。

内子座を本拠地とする劇団「オーガンス」の結成以来のメンバーである松岡秀夫は「日本には、重要文化財に指定された、立派な芝居小屋が幾つか存在する。歴史的背景をバックボーンとしたハードとしての建物の価値は、それなりに素晴らしい。しかし、内子座の真の魅力は、それとは別。著名な俳優の方々が内子座に魅せられ、手弁当で訪れ、町民が優れた舞台に触れられる。和太鼓演奏、カラオケ、ダンス、コーラス、そして我々の様な地元劇団が、広範に自由度高く利用することができる。そうした、内子座を舞台にして繰り広げる様々な表現が、町民の生き甲斐となっている。仮に、指定に伴う規制によってこれらの自由度や広範性に水を差されるくらいなら、重要文化財でない方が良いのではないか」「今後の運用で厳しい制限が課せられ、それが故に町民が使い辛くなるのであれば、その時は、指定解除をも厭わない勇気と覚悟を持つべきだと思います」と、二〇一五年五月一七日の自身のブログで語っている。

これには、八日市・護国地区が重伝建に選定された折にも指摘された、町並み保存の根底には地域の人々の生活があり生活の充実がなければ意味がない、との議論に共通する論点がある。

実は、内子座が重要文化財に指定されることが決まるに先立つ二〇一五年三月に、内子町は「平成二六年度文化庁長官表彰（文化芸術創造都市部門）」を受けた。町並み保存運動、ローテンブルク市との国際交流と並んで、「内子座の復原と運営」が選定理由であった。文化庁は「今では、町内外の芸術文化活動の拠点として活用されている」としている。内子座が現役の劇場として活用されていることが評価されたのである。重要文化財指定にあたっても現役の劇場であることがプラスに働いたことは想像に難くない。

内子座が、今に残って劇場として機能しているのは、これまで述べてきたように、一九三〇年代半ばの経営危機、戦争、一九五〇年代の映画館化、一九六八年の商工会館化、そして一九八〇年代前半の駐車場構想などその時々のギリギリの選択であり、誤解を恐れずに言えば偶然の要素も大きい。しかし、経営危機に陥っても地域の振興のための施策を探り、映画館化の際には客席の椅子席化をためらい、商工会館化の際には中央のホール部分を残して利用し続けるなど、地域の人々の劇場としての内子座への愛着とでも言うべきものが、一九八五年時に町長や役場職員が「とにかく壊してはいけないと思った」と語る選択に繋がったのではなかろうか。

重要文化財指定は、内子座をハードとして十全に保存活用し、次世代に受け継ぐスタートラインに過ぎず、今後、これまでの「娯楽の殿堂」としての内子座に何を付け加えていくのか、が課題となる。

そして引き継がれる町の劇場

内子座が、内子町にあることで、他の町と何が異なるのか。

まずは、内子座という一九一六年創建の劇場が町にあることそのものである。近年、「文化資源」の重要性が指摘され、「文化資源学」という学問ジャンルも生まれている。文化資源学会設立趣意書（二〇〇二年六月採択）によれば、「文化資源」とは「ある時代の社会と文化を知るための手がかりとなる貴重な資料の総体」であり、それを「文化資料体」と呼ぶが、そこには、博物館や資料庫に収めきれない建物や都市の景観、あるいは伝統的な芸能や祭礼など、有形無形のものを含んでいるという。しかし、「多くの資料は死蔵され、消費され、活用されないまま忘れられて」おり、「埋もれた膨大な資料の蓄積を、現在および将来の社会で活用できるように再生・加工させ、新たな文化を育む土壌として資料を資源化し活用可能にすることが必要」であると説く。この考え方を敷衍するならば、内子座は、まさに文化資源として活用されつつある。具体的には、第6章で語られた「文化拠点」「観光拠点」「町並み保存」という内子町の基幹をなす存在である。

他の多くの町が、「文化資料体」の「文化資源化」に成功せず、例えば「ゆるキャラ」といった新たなシンボルをつくりだして、まちづくりのよすがにしようとしている。内子座創建一〇〇周年事業企画検討委員会の議論の中でも、内子座一〇〇周年の「ゆるキャラ」をつくってはどうかという提案があったが、賛否が分かれ、実現はしなかった。

現在の町長である稲本隆壽は、内子座の内子町のまちづくりへの関わりについてのインタビューで、「私は内子町のベースは歴史・文化だと思っています。これは他の町には無い物であり、文化にはその町の匂いや個性や佇まいが表れます。内子は考えようによっては宝の山で、中でも内子座は最右翼の存在。おそらく町民にとっても単に娯楽の殿堂というだけでなく、文化面の精神的支柱になっていると思います」と語っている。

内子座があることそのものが、それをきっかけに文化資源の有り様を検討し、例えば、それを文化財とするのか観光資源とするのか劇場とするのか、人が集い議論が始まるスタートになるのは間違いない。そのことが、内子というまちの未来をどのように構想するかに繋がるのである。内子座があることが一〇〇周年のキャッチフレーズでもある「ことはじめ」のきっかけとなる。

もちろん課題も多い。一見、小さな町の劇場として概ねうまくいっていると思われる内子座ではあるが、つねに集客に苦労し、財政的な不安を抱えている。町民の興行の担い手が増えているわけでもない。内子町全体としても、これだけ様々な手を打ち、町外から高く評価されながら、毎年一パーセント前後の人口減が続いている。国の構造改革が進む中、財政の半分を地方交付税に頼っている内子町は支出縮減を余儀なくされている。内子座が再興したバブル経済前夜の一九八五年とは、置かれている環境が大きく変化しているのである。

四国の山間部の小さな町の中には、ＩＴなどの先端企業や食産業の誘致により人口減を食い止めているところもあるが、内子座の強みは、それがいわばハードとして存在し、そのものがまちづくりの痕跡でもあることではなかろうか。鈴木茂の論考にもあるように、その痕跡は必ずしも成功したものばかりではないが、失敗も記憶し「次」を考える手がかりとなる。

多くのインタビューにおいて、「内子座は人によって維持され豊かになる」という発言が聞かれた。次の一〇〇年を考える場合、その「人」をどのように受け継ぎ育てるかが課題となるが、少数のキーマンの超人的な努力だけをたたえることなく、子供たちを含め、間断なく新たな「人」を生み出す仕組みづくりが課題になる。おそらくは、内子座を豊かに活かす人材を育てる持続的な仕組みが出来上がれば、内子座は地域に貢献し、長く愛され続けることとなるだろう。

朗読劇 この子たちの夏
1945・ヒロシマ ナガサキ

クラシッククィン 内子座
美しき室内楽の調べ
カザルス合奏団

英語劇 マクベス
作・W・シェイクスピア
演出・G・ボントック

化粧
作・井上ひさし・演出・木村光一
出演・渡辺美佐子
◆日時／平成4年6月23日(火)午后6時開場・6時30分開演
◆場所／内子座 ◆木戸銭／(前売)3000円・(当日)3500円
◆主催／内子座杜中ふれだいこ ◆お問い合せ／0893-44-5000高田

あの人は帰ってこなかった
朗読劇
出演・鈴木光枝ほか
劇団文化座公演

モノクロームは愛の色
日時／平成8年6月16日(日)14:00〜・18:30〜の2回公演
場所／内子座 木戸銭／2,500円当日3,000円
主催・問い合せ／内子座杜中ふれだいこ0893-44-5000高田

たまにはどこでもツアー

内子文楽
平成七年秋から定期公演開催
江戸風な芝居小屋で文楽を楽しみませんか
場所：内子座
主催：愛媛県・内子町
お問い合わせ：〇八九三―四四―二一一一（内子町町並対策課）

坂本長利
一人芝居
内子座
土佐源氏
越前竹人形

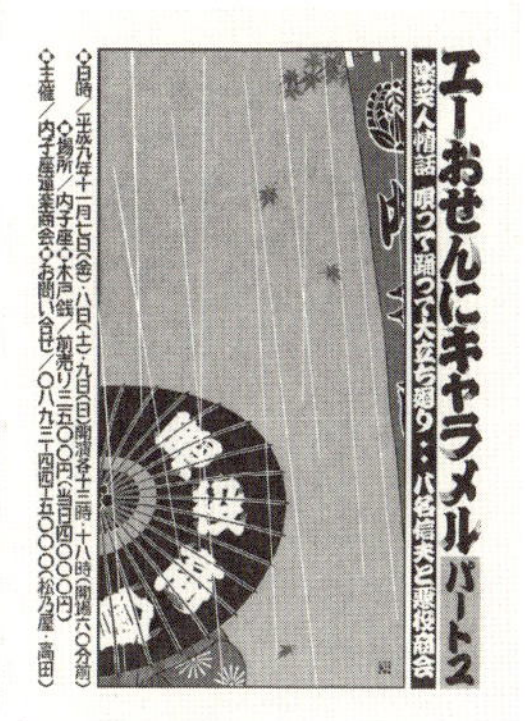

内子在住の版画家・山田きよ氏による公演のポスター。その多くは内子座そのものがモチーフであり、公演の内容や雰囲気に合わせて様々な表情の内子座が描かれる。

一〇〇年後の内子座を考える座談会

これからの担い手世代が描くこの町の劇場の未来

ここ数年、
内子座を含む内子町のまちづくり周辺では
三〇〜四〇代前半の元気がいい。
彼らは幼少期から少年期にかけて
町並み保存の隆盛や内子座の再生劇を
目撃しつつも、直接的に
関与することがなかった世代だ。
果たしてこれからの時代の担い手たちは、
現在の内子座をどう考え、
また未来の内子座をどう描くのか？
「一〇〇年後の内子座を考える」という
少しばかり大仰なテーマで、
参加者の一人が営む商店街の中の料亭で
座談会を行った。

参加者　上段右より

内子座ガイド　山岡貴子
料亭「魚林」料理長　宇都宮啓之
有限会社徳田自動車代表　徳田幸治

下段右より

内子町役場環境政策室　多比良雅美
内子まちづくり商店街協同組合代表理事　大西啓介
「かつ盛鮮魚店」四代目　酒井勝也

それぞれの「柿落し」

——今日は「一〇〇年後の内子座を考える座談会」ということで、内子座や町のことに関わっている三〇~四〇代、つまりこれからの担い手となる世代の方々に集まってもらいました。と言っても、この場でマニフェスト的なものを作るということではないので、とりあえず懐かしい話から始めて、それぞれが内子座に対して思っていることや考えていることを気軽に話してもらえたらと思います。ということで、どこから始めましょう。やっぱり柿落しの想い出くらいから。

宇都宮 柿落しって何年やったっけ?

多比良 八五年やね。私は中学二年だったかな。

大西 俺は中一。

宇都宮 じゃあ俺はたぶん高一やな。

多比良 なんで覚えとらんのよ(笑)。

宇都宮 覚えとる、覚えとる。だって相当嬉しかったもんな。綺麗になったなぁって。それにほら、歌手の芹洋子が来たやろ。

多比良 懐かしいね。「四季の歌」歌ったの覚えとるわ。

宇都宮 あれ、俺の生まれて初めてのコンサート。すげえ感動したんよ。やっぱ本物の生の歌は凄いなって。

多比良 柿落しには江戸家猫八も来たよね。

酒井 それは父ちゃんの方の猫八ですね、三代目の。

大西 あと、しばらくして米朝さんも来たよな。

徳田 あー、来た来た。

——みなさん、その頃のことはよく覚えてるんですね。

宇都宮 そりゃあ子供心にも強烈だったしな。有名な役者やら歌手やらしょっちゅう来てたし。

繋がっていく幼少期の経験

酒井 その頃僕はまだ小学校にも入ってなかったので記憶にないですね。物心ついた頃には綺麗になっとった。

大西 子供の頃に内子座で何観たとか覚えとる?

酒井 覚えてるのは映画ですね。「ドラえもん」とか「ゴジラ」とか。

宇都宮 ちょこちょこやってたよな。「四谷怪談」とか。

酒井 二〇〇四年の町並博(※1)の時も、二週間ごとくらいに有名な人が来てたでしょ。あの時は僕も二、三回行ったけど、やっぱり自分の町でこんなのが見られるのはええなと思いました。

多比良　子供の頃にああいう体験をしたっていうのは振り返ると大きいよね。もちろんその時も感動的だったんじゃけど、むしろ大人になってすごく効いてくるというか。

酒井　子供の時は正直ピンとこないですよね。僕も中学までは、内子座も町並みも、どこの町にでも当たり前にあるものだと思ってました。それがちょっと大人になって外の世界が見えるようになると……。

大西　「なんでこの町は劇場ないの？」「古い町並みないの？」みたいな（笑）。

酒井　そうそう。僕は高校から松山の学校行ってましたけど、まさにそんな感じでした。それから内子に帰ってくると、いろんなものが当たり前じゃないことに気づく。大したことないと思っていた自分の町が、すごく特別に思えてくる。

宇都宮　特に内子座は「内子の暮らしの象徴」みたいな意味もあるけんね。

多比良　だから今の子供たちにも、今はあんまり意味が分からなくても、うちらが柿落しの時にしたような体験を味わってほしいと思うな。

徳田　お、いきなり本題の話に。

酒井　僕ら自身、小さいころに体験したことの記憶が強く残ってて、だから今も何かしらのかたちで内子座や町のことに関わってるというのもあると思いますよ。

多比良　「次の一〇〇年」とまでは言わんけど、それが次の二〇年にやるべきことの一つじゃとは思う。

山岡　児童演劇とかなら、そんなに何百万もかけずに呼べるしね。

宇都宮　別に有名な役者とか歌手とかじゃなくて、セミプロだって本物はすごい感動する。

徳田　ま、うちの子はずっとオーガンスの舞台見てるけどな。

山岡　やっぱり親が芝居やら音楽やら好きだったら子供も興味持つから。逆に親が興味がなかったら、子供はなかなかそういう機会がないままに育っちゃう。こんな身近にあんな立派な劇場があるのに、それは勿体ないと思う。

二一年目の「劇団オーガンス」

宇都宮　オーガンスはもう旗揚げして何年になります？

徳田　なんと今年で二一年目。去年はおかげさまで二〇周年公演やりました。

山岡　最初は青年団の活動だったんですよね。

徳田　そう。最初は五年も続けばいいかなと。それが一〇年どころか二〇年も続くなんて誰も想像してなかった。今は青年団の方が活動を続けていくのが難しくなってるし。

宇都宮　そもそも内子座ありきで始まったんですよね。

徳田　大改修で綺麗になったし、青年団としても何かやろうという感じ。まあ今となっては「言い訳」みたいなもんやけどね。

山岡　言い訳？

徳田　普通は劇団の活動が波に乗ってきたら、いろんな場所で公演やって、上演回数も増やして、もっとたくさんの人に見てもらえるようにしようってなる。でも実際それやりだすと、すごく大変。オーガンスとしても、もし松山でも大洲でも公演するとなったら、たぶん負担が大きすぎて

徳田幸治　1970年内子町生まれ。有限会社徳田自動車代表。劇団「オーガンス」3代目代表であり、主役泣かせの大音量俳優。とても容姿端麗とは言えないが、舞台では個性派として脇を固める（自評）。20歳頃から青年団や青年会議所などの地域活動に参加。それまで控え目で目立たない性格だったが、人前に立つごとに開眼。内子中学校でPTA会長を異例の3年間務める。

やってる人たちが持たなくなる。だったら逆に「公演は年に一度だけ、それも内子座でしかやりません」って言った方が無理もないし、実際それでモチベーションが保たれてる部分も大きいな。

　ちょっと手前味噌な話になるけど、オーガンスはそれなりに人の出入りというか世代交代があったから続いてきたんだと思う。今は僕が三代目の代表ですけど、あるタイミングで前の代表から肩トントンって叩かれて「そろそろ代表やるか」っていうのがあるわけ。同時にちょこちょこ新しい人も入ってくるし。もちろん最初からやってる仲間もいるけど、全体としては少しずつ入れ替わってる。今日もホームページ見たって砥部[※2]の人から電話かかってきた。

山岡　そういうとこすごいね。代表は任期みたいなものがあるの？

徳田　そういうわけじゃなく、ほとんどはそれぞれの仕事の都合。やっぱりいい歳になると、仕事任されたり責任を持たせられる立場になったりして忙しくなるじゃない。そうなるとやっぱり自由も利かなくなるから、じゃあ「次、お前な」って感じになる。

――徳田さん自身は、これからもオーガンスはずっと続いてほしいという気持ちはありますか。

徳田　うーん、どうやろうね。劇団に限らず文化っていうのはどんどん変わっていくものだし、そういう意味では二〇年も続いてきたこと自体が想定外だったわけだから、先のことは正直分からないです。今はいいペースでやれてると思うけど、絶対流れが変わる時は来るし。

　ただオーガンスは、内子座を活かすために内子座で活動しているっていう自負もあるのね。だから公演やってお客さんがたくさん来てくれたら、その分を次の芝居に投入して、また内子座を身近に使っていきたいという気持ちはある。「内子座のために」って言うとおこがましいけど、うまく使い続けながらお互いにとっていい関係が続いていけばいいなと。

途絶えてしまった「ふれだいこ」

宇都宮　オーガンスと比べて、ふれだいこ[※3]は人が替わらんかったからなくなっちゃいましたね。

山岡　宇都宮さんはふれだいこの最後のメンバーだっけ。もうどれくらいやってないんですか？

宇都宮　最後にやったのが二〇〇七年のフォークシンガーの加川良のコンサートだからもう八年前やな。その前が市原悦子の二回目で、その前が確か武田鉄矢の二回目……二回目はなかなかしんどい（笑）。

徳田　内子の人は一回目は初物食いで来るんだけど、二回目はなかなか来てくれない。

酒井　飽きやすいんですかね。

宇都宮　でもふれだいこや、もっとさかのぼると「蔵漆会」とか、町民が中央の俳優さんや音楽家とコネクション作って、ノーギャラでもやりたいという人を呼んでくるというのは、画期的だったと思う。

酒井　キャパ小さいから普通に呼んだら絶対赤字になりますからね。

徳田　旅費一人一〇万としても、一〇人で一〇〇万円。それだけで真っ赤っ赤よ。

宇都宮　ただ興行やるたびに誰かが喧嘩しよったもんなぁ。ふれだいこの歴史は分裂の歴史、どんどん喧嘩してどんどん辞めていくという。

酒井　メンバーが増えていくわけじゃないんですね。細胞分裂じゃなかった……。

――ちなみに喧嘩の原因ってどんなことなんですか？

宇都宮　そりゃ人間同士のことやからいろいろありますよ。でもやっぱりオーガンスみたいにきちんと世代交代をやらんかったのは大きいわな。

山岡　なんで世代交代できなかったの？

宇都宮　それはトップがわりとワンマン社長で……。

一同　（笑）

酒井　実際それぞれ負担も大きかったですしね。特にチケットに関してはまともな販売ルートもなくて基本手売り。そういう状況ではいろんなところにヒズミも出てきますよ。

チケットを売る仕組み

徳田　チケットをどう売るかっていうのは今も昔も悩みの種よな。特に付き合いでいろんな興行に関わりだしたら、何種類も違うチケット持ち歩いて、いろんな人と顔合わす度にお願いすることになる。そうなると普通の人との感覚がどんどん遠くなっていくというか、挙げ句の果てには顔見られた瞬間「うわぁ、また来やがった」と。

多比良　「はいはい、今度は何？」って言われるようなね（笑）。

酒井　まあチケット買うのは寄付みたいなもんですから。

徳田　チケット、もしくはビールの差し入れ。

宇都宮　実際うちらも夏前になったら祭りの寄付ばっかり貰いに行くしな。

大西　チケットは舞台見て楽しいっていうのはあるけど、祭りの寄付は見返り何もないけん。

徳田　いやいや、広告宣伝費だろ。広告宣伝費！

酒井　ただ現実問題として、昔と比べて人の好みも多様化してるから、チケットはものすごく売りにくくなってますよね。一〇〇人に告知して一〇人呼べた内容でも、今は一人も来ないかもしれない。

大西　例えば、内子ではあまり知られてないけど音楽ファンの間ではそこそこ注目されているアーティストのコンサートをやろうとなった場合、県内全域や四国全域にしっかり情報発信できて、さらにどこからでもチケットが買える仕組みが必要。それがないとキャパ五〇〇以上の内子座で個人が興行を打つなんてできない。だから俺はずっと言ってるんだけど、とにかく誰でも興行主になれるような仕組みづくり、その一つとしてしっかり告知してしっかりチケットを売る仕組みが必要なんじゃないかと。

宇都宮啓之　1970年内子町生まれ。料亭「魚林」料理長。内子保卒、内子小卒、内子中卒、内子高卒の自称「生粋の内子エリート」。高校卒業後は修行のため6年間町外に出たが、それ以外はずっと内子暮らし。料飲組合内山支部副会長、内子まちづくり協同組合理事なども務める。趣味はハーレーダビットソンとキックボクシングと革製品の手入れ。内子座社中「ふれだいこ」最後のメンバー。

徳田　それ本当に大事よな。あんまり無理しすぎたら、本当に潰れるけんね。

山岡　昔は全国に興行主と言われるその筋の人たちがいて、演歌歌手一人呼ぶにしてもそういう人がマネジメントに入ってたのね。でも内子はあんまり興行主も入らず、これだけの劇場を回してきた。これは他の土地にはない大きな特徴。だからその伝統を守っていくという意味でも、それなりのきちっとした仕組みは必要なんだろうね。

宇都宮　旅館のおやじが大女優の自宅まで行って話しつけて、実際に直接やりとりしながら実現させたりするんだから、それはすごいことですよ。

閑話、ある俳優のこと

大西　（壁に飾られている舞台「エーおせんにキャラメル」[※4]のポスターを見て）そう言えば八名信夫[※5]さん最近来てないね。

酒井　もうなかなかのお年ですから。最後に来てもらったのは二〇一二年、江戸家猫八[※6]さんと出てもらった時かな。

山岡　かつ盛の看板も八名さんが書いたんだよね。そもそもの出会いは？

酒井　九二年の内子座での最初の公演の時、親父が興行のお手伝いさせてもらってたのが最初。確か一日二回の三日公演で、チケット二五〇〇枚くらい売らないけんことになったんですけど、うち仕入れで八幡浜[※7]の方まで行ったりするから、出先でだいぶチケットを売ったんです。それで八名さんがよう頑張ってくれたって仲良くなってくれて。それからは親父主催のゴルフコンペにプライベートで参加してくれたり、僕の結婚式にも出席してくれたりで、家族

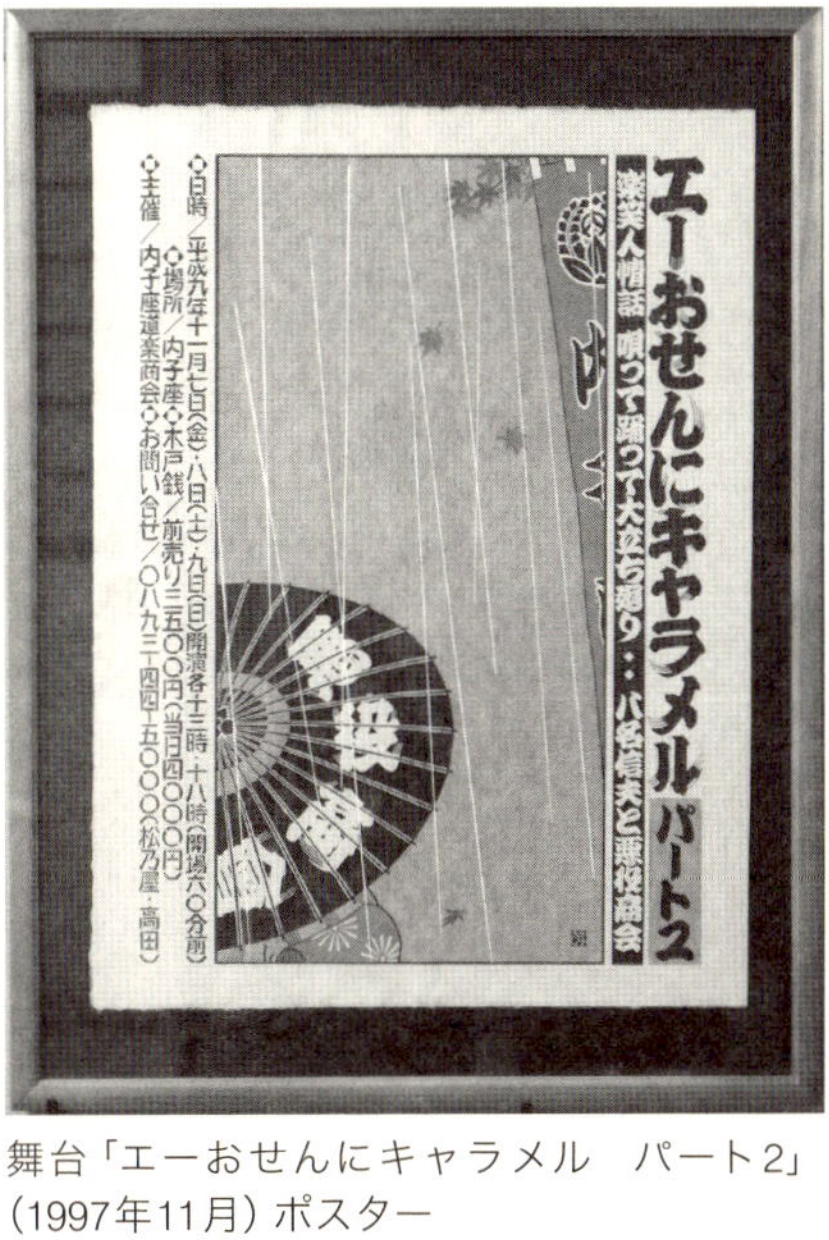

舞台「エーおせんにキャラメル　パート2」（1997年11月）ポスター

ぐるみでお付き合いさせてもらってます。

宇都宮　そう言えば最初に来た時、内子の人も何人か舞台に上げてもらいよったよな。

酒井　「おひけえなすって」の白波五人男[※8]ですね。うちの親父も出してもらってました。

徳田　そう言えば僕もエキストラみたいなので出たことあるわ。毎回けっこうな数の町民出してもらいよった。気が利いとるよな。

酒井　八名さんは岡山の出身なんですけど、お父さんが映画館と芝居小屋が一緒になったような劇場をやってて、それで儲けたお金で道を補修したり町のために使ってたらしいんですね。たぶん内子座の雰囲気とか内子の人の気質とか重なる部分があったんだと思います。すごい思い入れ持って関わってくれてましたから。

受け継がれる内子商人の心意気

宇都宮　俺、二〇代の前半から松山で仕事して二七で内子に帰ってきたんだけど、その時近所の先輩のTさんから「ふれだいこやらへんか」って誘ってもらった。それでメンバーになったんだけど、その先輩が名前通りふれだいこをすごい上手に叩くんですよ。トトントトンて。それでなんでそんなんできるんですかって聞いたの。そしたらTさんなんて言ったと思う？　一言、「後継者やけんなぁ」と。それがものすごいカッコ良かったんよ。つまり内子で商売を継ぐということは、内子座もなんもかんも含めて全部継ぐことなんじゃと……。

徳田　その話ぜったい盛ってるやろ（笑）。

大西　なんじゃ、使うてもらおう思って。

宇都宮　いや、ほんとほんと。ものすごく感動したんよ。そうか、じゃあ俺もこれから後継者になるんじゃなと。Tさんは他にもたくさん内子座に関する名言があって、鼓童[※9]が来た時じゃったかな、内子座でリハーサルしたら、太鼓の振動で埃がすごい落ちてくる。それ見てTさん一言、「見てみ、内子座が喜んどるぞ」って。

一同　（笑）

大西　でも確かに「商売を継ぐ＝町を継ぐ」っていう感覚は商売人なら大なり小なりあるよな。

酒井　そうですね。もちろん町や商店街が元気かってことが自分の利益に直結するというのもあるけど、それだけじゃなく、単純に無視できないというかほっとけないというか。

宇都宮　そういうこと、そういうこと。

酒井　たぶん一〇〇年前に内子座作った人たちもそんな感じだったと思うんですけど、お金出し合って芝居小屋建てて、そこで家族や近所の人が芝居観て楽しんで、もちろん自分も楽しんで、そういうことの積み重ねが町を活気づけていくし、また自分の商売もそこで続けていけるんだと。そういう感覚は商売やってるもんのDNAとして受け継がれているように思います。嫁からしたら、なんでうちの旦那は毎日毎日こんな外に出て何をしよんじゃ思うところもあるじゃろうけど。

大西　自分で商売やってるといろんなことを独りでせないけんし、人付き合いも広くなるから、結果的にちょっと大きな視野でものを考えたり捉えたりするところがあると思う。で、その中にはもちろん遊びも入ってて、例えば稼いだ分だけきっちり遊んで、でもそれはただ遊んでるだけじゃなくて、もっと大きなものに繋がっているというか。「藝に遊ぶ」(※10)ということなんだと思うわ。

山岡　それはまさに内子座を作った旦那衆と同じだよね。

酒井勝也　1978年内子町生まれ。「かつ盛鮮魚店」4代目。高校卒業後、大阪の調理師専門学校に進学。兵庫県西宮市で3年間、愛媛県松山市で2年間、中華料理店に勤務した後に帰郷。現在は妻と子供3姉妹の5人家族。3年前からは義兄とともに青果店も経営。商店街の先輩たちと一緒に町おこしに奮闘中。

酒井　だから自分は、興行じゃろうがシンポジウムじゃろうが、内子座で何かがあってくれることは有難いし、もしお手伝いできることがあったら積極的にしていきたいと思う。それがいいことだとかいうことじゃなくて、もうそれが普通。

宇都宮　まあみんな後継者やけんね。

一同　またー（笑）。

それぞれの微妙な距離感

多比良　そう考えると、八五年の大改修前のほとんど劇場として使われてなかった時期は、後継者がいなかったのかもしれんね。

大西　そうやな。だから、こんなものさっさと潰してしまって駐車場にしようという話にまでなった。

――ただ、みなさんのように内子座や商店街に思い入れを持って盛り上げていこうという人ばかりではないですよね。もちろんそれを否定する人はいないでしょうけど、諦めモードで「昔は良かった」的な話も耳にします。

酒井　確かに跡継ぎがおらん家の人とか、町での人間関係が希薄な人はそんな感じでしょうね。現実的に町との関わりが自分の世代で完結しているわけだから、それはしょうがないですよ。

宇都宮　この前も久しぶりに会った同級生と話してたら、そいつ「内子商店街には未来はない」と言いよったんよ。腹の中で思ってたとしても、それをわざわざ俺に言うなよと。その時は「もうこんな奴とは二度と口利かん」と思ったけど、正直そのことがその日からずっと気になってる。もちろん町の現状を見てる連中がそう言うのは分かるし、俺たちは町の未来を見てなんとかそれを自分たちで作ろうとしてるという、ただそれだけのことなんだけど。

徳田　えーっと、こんなタイミングでちゃちゃ入れて申し訳ないけど、そういう意味では僕はまたちょっと違うんよ。国道沿いで商売はしてるけど住んでるところも商店街から離れてるし、そもそもオーガンス自体たまたま入った青年団の活動の延長線上。それでも当然内子座のことは大好きだし、僕らなりに何か役に立てばいいと思ってやってる部分もある。お金払って見に来てくれるお客さんや周りで盛り立ててくれる商店会の人たちと出会えたり、もちろん芝居をやることも大変だけど楽しい。そういうことがあるから続けていけるんであって、別に伝統があるからとか後継者だからっていう感覚はあんまりないです。うちの劇団にも町外の人がたくさんいるけど、みんな内子座がもっと盛り上がっていけばいいなという想いを持って、楽しみながらやってる。別に商売人がどうとかそういうのじゃなくて、積極的に内子座に関わっている人もたくさんいるのよ。

山岡　私は二〇一〇年に内子に嫁に来たんだけど、もともと東京で芝居をやってたから、自分が今いろんなことで内子座と関わっていることをなんだか必然みたいに感じてるの。もちろん内子で生まれ育った人と比べれば分からないことも多いし、ましてや商売人でもないんだけど、だけど今もこうやって内子座という劇場に関わっていけることは本当に嬉しいし、みんなとはまた違った角度からお手伝いできることがあるんじゃないかとも思ってる。

大西　山岡さんは実際、前進座の芝居も呼んできたもんな。

山岡　それも二回もね(笑)。まああれは私が内子にいること知ってて前進座の方から内子座で芝居をやりたいって連絡があったんだけど、どうしてわざわざ東京から内子まで来て公演を打ちたいか、その気持ちは自分の経験としてもよく分かるんです。そりゃ芝居やってたら内子座でやって

大西啓介　1973年大阪府生まれ。「甘味喫茶cocoro」「町家別荘こころ」「hotelこころ.くら」店主。5歳の時に父が家業の呉服店を継ぐために内子へ。その父の急逝により呉服屋を継ぐが、あっさり飲食・宿泊業に転換。仲間達とレトロバスを走らせたり商店街の活性化に取り組んでいる。内子まちづくり商店街協同組合代表理事、NPO法人Project A.Y. 理事長、内子町観光協会副会長。曾祖父が内子座創設時の出資者。

みたいよねって。だから私としても断れないで結局いろいろ手伝わせてもらいましたけど、そんな想いで内子座に関わってる人もいたりします。

徳田　内子のこと全部ひっくるめて受け継ぐっていう話あったけど、それ以前に内子座で何かしらやったら嬉しいとか楽しいとかっていうのがあるじゃない。そこをすっ飛ばして「次はお前らの番だから受け継げ」って言われても、僕は正直それはないと思う。逆に内子座の何が楽しいのかっていうのさえ理解すれば自然と次に繋がっていくし、それすら繋がらない時代なんだったらそれはもう必要とされてないってことで、自然淘汰されていくんじゃないかと。

変化する受け継ぎ方

山岡　いろんな人がいろんな距離感で内子座を見てると思うけど、大改修以前のように潰して駐車場にしたらいいという人は今はほとんどいないと思う。やっぱり上の世代の人たちによくぞ残してくれたと感謝してる。

多比良　それはそう思う。ただこれはちょっと言いにくいことだけど、私たち三〇〜四〇代の世代は、上の世代が興行でいろんな苦労をしている姿を見て、正直大変そうだなという印象が強い。もちろんやり甲斐があるとか、町にとって意味があることだとか、頭では分かるんだけど、それ以上に大変そうだなと。そういう気分的なことが根本的なネックになっているような気もする。

大西　それは大きいな。今でも青年部の若い子から「内子座でこんなことやってみたい」というような声が上がらないわけではないんよ。ただ具体的にどう実現していいか分からないから、経験のある先輩方に話を聞きに行く。すると「そんなやり方じゃチケットが売れない」とか「大赤字が出たらどうするんだ」とか言われて、結局みんな心が折れる（笑）。

――実際、自分でいろんなリスクを負ってまで興行を打つという若い人はどんどん減っていますよね。

宇都宮　心配せんでもそのうち出てくるんじゃないですかね？

多比良　うーん、それは分からないけれど、とりあえず内子座という空間で私たちが楽しそうに遊んでたら、次の世代はあると思う。

宇都宮　確かに俺らが一生懸命遊んでなかったら、その背

山岡貴子　1970年東京都生まれ。1991年東京の劇団前進座に入座、17年間俳優として全国各地で巡演、東京国立大劇場 、帝劇、大阪中座、京都南座などにも出演。2010年、結婚を期に内子町へ。2011年前進座「さんしょう太夫」内子座公演を実現させる。以来、内子町の文化施設に興味を持ち、2012年から上芳我邸で観光ガイドを務める。2015年からは内子座にてガイド 。劇団でバックステージツアーもやっていた経験を生かし、観光者に内子座の歴史や舞台設備について案内している。

中見てる次の世代が自分たちもここで遊びたいと思うはずないしな。

多比良　ただその表現の仕方というのは時代で違っていくのかもしれない。ふれだいこのようにあそこで興行したいと思う人が出てくれれば、その時はその時でまた違うことができる。ただ今の世代は、自分たちがあそこで活躍をしたいとか、使う側に回って何かをプロモーションしてみたいとか、漠然と考えていたとしてもまだ具体的に周囲の人を巻き込んで動き出すほどにはなってないんじゃないかなと思う。

大入りだけが成功じゃない？

――「内子座という空間で遊ぶ」という話があがりました。それはつまり劇場としての内子座を仕切りなおす、解釈しなおすということだと思うんですが、こういった議論はこれまであまり表立って行われてきませんでした。

大西　だからあくまでも「興行を打つ」って感覚ですよね。そこが逆に足枷《かせ》になってきたところはあると思う。

山岡　町民が興行を打つということが伝統になってる部分

もありますしね。

多比良　私は興行だけにこだわらず、もっといろんな使い方されてもいいと思うな。そう言えば少し前に啓介さんが、二〇人くらいで内子座借りきって、ソファ持ち込んで映画みたいって話してなかった？　ああいうのすごくいいなと思うんだけど。

大西　はいはい、一人一万円くらい出し合ってて話しね。ちょっといい酒飲みながら、裸にガウンで（笑）。

酒井　猫はいらないんすか、毛の長い猫は（笑）。

多比良　まあ一つのアイディアだとは思うけど、内子座で何かやってお客さんいっぱいにするという前提自体を仕切りなおすというのは、考え方としてありだと思う。

山岡　だからやっぱり「内子座＝劇場」って感覚なんじゃないかな。つまり五〇〇の席をいっぱいにしたら成功っていう。貸し館で自由に使っていいとしても、なかなかそういう自由な発想にならない。

徳田　そういう発想にならないのは、みんな限られた予算の中でなんとかやってるから、逆にたくさんの人に見てほしいってなるんだと思うな。あと舞台に関して言えば、やっぱりそれなりにお金がかかるから、現実的に一人一万円なんかでは絶対にすまない。ヘタしたら一人うん十万みたいなことになる。

酒井　それは有名な人とか呼ぶとそうなりますよ。

徳田　あ、だから映画なのか。でもさすがに手持ちのブルーレイとかはまずいだろ。

大西　それもやり方次第じゃないですか。もしダメだとしても、普通に配給とかから借りてきたって一本五〜六万ってところだからけっこう現実的ですよ。

徳田　ふーむ、なるほどなぁ。

大西　あと、これは一〇〇周年事業の企画会議で出たアイディアだけど、金婚式を迎える夫婦を対象に内子座中心の一〇〇万円ツアーなんて組むのもいいと思う。五〇年×二で一〇〇万円。

山岡　確かにそこまでやったら、余裕を持って興行が打てるし、それだけ価値のあるものができるかもしれないね。

生活の一空間としての劇場

大西　そう言えば雅美ちゃんは内子座で結婚式挙げたよな。

多比良　もう五年も前のことやけどね。ローテンブルク市からの訪問団もいたし、たまたま見学に来てた観光客もいたり、雛太鼓やオーガンス、役場同期のメンバーに手伝ってもらったりと、とにかくにぎやかで楽しかったな。

山岡　何かきっかけがあったの？

多比良　きっかけっていうか旦那さんが言い出したんよ。埼玉の人なんだけど、仕事で上芳我邸を会場にしてイベントをやった時のことがすごく印象的だったみたい。文化財をあんなふうに自由に使い倒す町は初めてだって。それで内子座で結婚式できないかって言い出してね。

酒井　実際どうやって話を持っていったんですか？

多比良　私は役場で働いているおかげで相談できる人もたくさんいたんで、けっこうスムーズに話が進んだかな。私としてはもちろん内子座には思い入れがあるし、こんな使い方もできますよっていう事例として次に繋がればと密かに思ってたんだけど、残念ながら後には続かんかったね。

酒井　実は僕も結婚式の前撮りを内子座でやったんですけど、その時も直接役場に聞いたら即答で「かまわんすよー」って。やっぱり気軽に使えるというのが思ったほど周知されてないかもしれんですね。

多比良　それもあると思うし、知っていたとしてもあそこでどういう空間づくりをできるか分からないというのもあると思う。それも含めて、まだ前例が少ないっていう言い方になるかもしれないけど。

大西　そんなに深く考える必要はないんやけどな。例えば、家族のばあちゃんが米寿のお祝いを迎える時に、赤いちゃんちゃんこ着て、内子座の舞台に上がって、客席にいる家族になんか一言言う、みたいなことでもいい。それで十分一生の思い出になる。

酒井　何年か前にお雛祭りした時も盛り上がりましたね。初節句を迎える子供たちを呼んで、両親が来て、みんなが桃の花を持って写真を撮るっていうの、二、三年はやりましたよね。金屏風立ててね。

内子らしい観光のあり方

大西　さらに言うと、そうやって町民が内子座を使っている状況に観光客が出くわしたら、それが一番「何これ！面白い！」ってなるわけよ。興行はやってないけど、もっと本当の意味で場が生きてる。観光っていう意味でもすごく生きてくる。

宇都宮　そうそう、ええこと言うた。

大西　だから内子の観光っていうのはこれっていうのをちゃんと作らんといかんと思う。それがはっきりしているところが観光地として成功している。その芯が町並みなのか、内子座なのか。

宇都宮　俺は町民主体であるべきだと思う。「今日は町民の文化祭やってますから内子座は見学できません」っていうのは、胸張って言うべきで。

大西　そう。「今日は法事だから魚林[※11]は開いてません」と、胸張って言わないけん（笑）。

山岡　リハーサルやってる時に入れてあげたりしたら、それはそれですごく喜んでくれるしね。

大西　そうそう。そこに少しユーモアを加えたりしてね。マイナスのことをマイナスと感じさせない工夫。そうなればそれはものすごいプレミアムですよ。

多比良　町民が生活の一空間として内子座を使ってる、そういう盛り上がり方はすごく大事だと思う。

山岡　つまり内子座が盛り上がっているという状態をどう考えるかですよね。興行が頻繁に行われて毎回大入りになることが盛り上がっているということなのか。それとも三〇人しかいなくても、そこに町民にとって充実した時間があれば盛り上がってるということなのか。

徳田　公演の目的や趣旨によっては満席になる必要はないかな。でも満席は嬉しいもんよ。

多比良　いずれにしても地元が盛り上がってないと、わざわざ外から来ても面白い町ではないわけだから。そういう意味では、内子座で内子の人が盛り上がってる状況を見せられるようにするのが必要で、外から有名な人呼んできてチケットたくさん売ってということだけではないと思う。

情報発信の弱さ

多比良　例えば内子座のホームページに結婚式や還暦のお祝いをやってる写真がたくさん載ってたら、みんなイメージできるかもしれない。とにかく現状ではそのあたり何も手を付けていない状況で、この日にはこういう公演がありますっていうくらいの情報しか公開されてない。

山岡　去年まではそれもなかったんだもん。それじゃあさすがにお客さんからクレームくるよね。わざわざ遠くから内子座に来て、いざ見学しようとしたら今日は入れません

多比良雅美　1971年内子町生まれ。内子町役場勤務、現在環境政策室に配属（育休中）。町並保存対策課（現町並・地域振興課）を経て、環境分野部署に異動を繰り返す。2003年には姉妹都市のドイツ・ローテンブルク市に拠点を置き、環境分野や地域振興について学ぶ機会を得る。プライベートでは雛太鼓ほか様々な音楽活動に参加。誕生日は内子座復原工事後の柿落しの日と同じ。

とか、さすがにありえない。だったらせめてホームページには事前に情報出しとかないと。

多比良　とにかく情報発信は不足していますね。観光する人に対しても、使いたいという人に対しても。内子座を借りに行く度にびっくりするんだけど、照明機材がどれくらいあるかっていうリストもなくて、なんでそんなことが今の時代にできないかなと。

大西　今観光協会のホームページ作りに入ってるコンサルタントはまさにそういう提案をしてきてて、きちんと情報を整理してどんどん載せていきましょうという話になってる。具体的な使い方の事例から、それぞれの値段、図面、備品、楽屋の設備まで、とにかくどんどん公開していこうと。正直民間が運営するホールだったら当たり前のことなんだけど。

多比良　役場はあまり意識してないかもしれないけど、そういう部分で内子座が取りこぼしてきたニーズはたくさんあると思う。本当に勿体ない。

酒井　身近にありながらも、使い方がよく分かってないのかもしれんね。建物の話も、備品の話も、ソフトの話も。

大西　やっぱり何に関しても、もうちょっと仕組みをちゃんと作らんといかんよな。

役場が内子座を管理すること

―― 今の管理のやり方に対してはみなさんいろいろ違和感や疑問をお持ちのようです。そもそも内子座を役場が管理すること自体についてはどうお考えですか？

宇都宮 うーん、それは仕方がないんやないですか。現実問題、僕らの手では絶対手に負えないですから。昔の豪商とレベルが違う。

大西 「昔パトロン、今補助金」ってやつな。とは言え、結局なところ俺らの税金で管理してるわけだから、やっぱり内子座が町民のものであるというのは一〇〇年前と変わらないと思う。

多比良 それが基本やね。実際私が役場に入った当初は「とにかく町民が使いやすくしてほしい」と本当に耳にタコができるくらい言われたし。ただ最近はそれもちょっと変わってきたというか、お金の話ばかりが優先されるようになってきたと感じる。何かしたいって言ったら、すぐ「観光客が入れんけん赤字になる」とか……。

宇都宮 金の面で厳しいのはほんまやと思うけどな。

多比良 でも、町民が積極的に内子座使いたいって言ってるのに、観光客が入れんようになるからダメって、そこ町民に解決策を求めてはいけんことない？

大西 この前のゴールデンウィークも愛の葉ガールズ(※12)が公演したいって言ってきたけど、こんな忙しい時期にやめてくれって断ったらしいし。

山岡 だけど役場としては、内子座を貸し小屋として活用していきたいっていう気持ちはあるわけでしょ？

大西 それがよく分からんのよ。時代はどんどん変わっていってるのに、全然ついて行けてなくて、ブレてるように思う。

多比良 ブレてるというか、単に二〇年前と何も変わってないんだと思うよ。「貸し小屋」にもしたいけど「見せ小屋」にもしたい。

町民と役場との間の溝――例えば重文

―― 内子座の管理・運営に関して具体的な指摘がいろいろ出ましたが、こういう話は当の役場に届いているんでしょうか。

大西　どうやろうね。こうやって酒飲みながら個人的に話してる場に、たまたま役場の人間がいるっていうことはあると思うけど、町民の意見を聞くための正式なテーブルが用意されているわけじゃない。

山岡　そうね、重文の話とかも……。

一同　あー。

大西　ほんと住民側に何も説明ないもんな。今どういうふうになってるのか、重文になったら何がどうなるのか、それすらも分からんのが現状。

徳田　もし本当に重文になったら、使用上の新しい制約もできるだろうし、それ以前に耐震補修とかで何年間か使えないみたいなことになったら、内子座ありきで活動してるオーガンスはたぶんモチベーションが保てなくなる。正直これからも変わらず内子座を拠点に活動していけるのか不安やな。

宇都宮　重文になることは町民にとって誇らしいことやし、それなりに注目も浴びるだろうから、それ自体は悪い話やないと思う。ただ、重文目指すなら目指すでそういう話し合いや意見を聞く場が一切ない、テーブルすら用意されていないというのは正直不満ですね。

酒井　当然メリットもあるしデメリットもあるけど、デメリットがカバーできる範囲のもので、そうすることで結果的に内子座や町全体の雰囲気が良くなるのであればそれはそれでいいんです。だからこそきちんと場を設けて意見を聞くっていうのは大切だと思いますけどね。

大西　やっぱり町民と役場の間に気持ちの上で溝があるんよ。そもそも役場を動かしているのも町民のはずなのに、なぜか距離があるように感じてしまう。

山岡　役場が管理してるからこそ町民は安心してしまって、「別にわざわざ言う必要もないか」と思ってるというのもあるんじゃないかしら。

大西　役場からすると責任を持って管理する以上それなりの制限やルールを作らなきゃいけないというのはあるだろうし、町民からするとそういうルールがあるから勝手には使えんのじゃろうという思い込みとかとっつきにくさもあると思う。上手く噛み合ってないっていうのは現実だし、それを少しずつ寄せていく作業は絶対に必要。

多比良　今の役場は内子座を守っていくのは自分たちだっていう意識が強すぎて、肝心の町民が内子座のことをどう考えてるかあんまり分かってないんじゃないかな。内子座に愛着と誇りを持っている町民が大勢いて、情報を知りたがっている、使いたいと思っている。そういうことをまず役場が理解しなきゃいけんのじゃないかな。

町民と役場の協力体制

酒井　なんにせよ、もうちょっと役場と町民とがしっかりとタッグを組んで動かしていく体制はつくらんといけませんね。

宇都宮　例えば、役場と町民が一緒に内子座の「運営委員会」みたいな組織を作って、管理の方針や催しの選定にも積極的に関わっていくようなことをやってもいい。今みたいに公演のたびに寄せ集めで作る「実行委員会」じゃなくてな。月に一回くらいみんなで集まって話したら、そこから見えてくるものもあるじゃろうし。

多比良　そうやね。運営委員会を作るのが大変なら、とりあえず内子座に想い入れがある町民が集まって、もちろん役場の人間も加わって、この座談会のように腹を割って話す場が定期的にあるだけでも意味があると思う。なんなら一〇〇周年後のプロジェクト第一弾としてスタートさせてもいいくらい。あと、個人的にあったらいいなと考えているのは、誰かが内子座を使いたいって思った時、いろんな経験やノウハウを持った町民が相談にのったりサポートしたりする「縁の下の会」みたいな組織かな。いずれにせよ、役場はもっと町民といい関係を作って、いろんなかたちで活躍してもらえるようなことを考えた方がいいと思う。

徳田　そういう意味ではオーガンスも、内子座の役に立ちたい、もっとファンを増やして盛り立てていきたいと思ってるの。メンバーからも、例えば公演に合わせて舞台の裏方を体験してもらう体験観光のツアー「オーガンス・キャンプ」をやったらどうかとか、エミー賞やアカデミー賞みたいな内子座発信の「コザデミー賞」をオーガンスが中心となって設立したらどうかとか、いろんな提案がある。もちろんどれも夢みたいな話だけど、もし役場がその気になってくれたら実現するかもしれない。

大西　内子座を管理している役場が町民と協力していくことはもちろん必要。それでもやっぱり役場は役場で、劇場運営のプロではないからできることには限界がある。だから個人的な本音を言うと、思い切って民間に近い三セクの運営会社を作って、そこが独立して管理運営を行うようなことも可能性として考えるべきだと思う。何度も言うようだけど、内子座は役場のものじゃなく町民のものだから、町民自身の手で回していけるというのが理想。それこそ今すぐという訳にはいかないし、役場と完全に切り離す必要はないけど、将来的にはそういう方向にシフトしていくべきとちゃうんかな。

一〇〇周年を超えて、次の世代へ

—— 本当にいろんな話が出ましたし、まだまだ話は尽きないとは思いますが、ページ数のこともあるのでそろそろまとめに入りたいと思います。しかし、そもそも簡単にまとまるような話でもないので、最後に一つ質問させていただきたい。一〇〇周年という区切りを迎えるにあたって、または次の一〇〇年を歩み始めるにあたって、みなさん自身がこれから内子座でやってみたいこと、実現してみたいことは何ですか。

大西　一〇〇周年のキャッチコピーが「ことはじめ(※13)」だから、自分的に、もしくは内子座的に新しいことやってみたいね。ソファ持ち込んで映画を観るっていうのもそうだけど、やっぱり自分が好きなミュージシャンのライブとかも企画したいし、欲を言えば全国の芝居小屋を繋いでツアー公演とかもしてみたい。あとちょっと質問からずれるかもしれんけど、子供たちの「内子座でこんなことしたい」というような夢を叶えてあげるプロジェクトを、この世代が中心となってやれたらなと思います。

山岡　私は、やっぱり芝居に関することで面白い試みをやってみたいかな。内子座でしかできない芝居。例えば、照明を使わず、一〇〇年前と同じように窓の明かりだけでやる公演とかね。企画としてオリジナリティがあって、なおかつ話題性もあることをやって、町内の人にも町外の人にももっと内子座に足を運んでもらいたいです。

あとはやっぱり子供かな。こんなに身近に立派な劇場があるんだから、内子の子供たちにはなんらかのかたちで内子座で舞台を見る機会を作ってあげたい。

多比良　そうね。少なくとも中学卒業するまでに一回は内子座での鑑賞の機会を、学校とかと協力して作っていきたいな。もちろん鑑賞だけじゃなくて、表現する側として舞台に立つとか、もっと言えば一緒に内子座の幟や枡席を取り囲む幕を作って「子供アートフェスタ」みたいなことやるとか、とにかくいろんな関わり方を提供してあげたい。
　個人的にはファミリー向け、特に子育て中のお母さんが子供と一緒に楽しめるコンサートを企画してみたいな。
徳田　僕は今一番現役で頑張っている同年代のお客さんを多く呼び込めるようにしたいね。たぶんそうすると子供たちにもおのずと楽しさが伝わると思うから。オーガンスを観に来てくれたお客さんが内子座のファンになってくれて、その姿を見た子供たちがまた芝居や芸能に興味を持って、内子座に帰ってきてくれる。そんなふうになればすごく嬉しい。そのためにも内子座＝オーガンスになれるよう、劇団の続く限り頑張っていきたいです。そしていつか世界で活躍する役者をオーガンスから輩出したいね。
大西　おー、それすごいすねー。まさに夢だ。
徳田　じゃろ？　まさに「メイド・イン・内子座」よ。
宇都宮　俺は、特に自分がやりたいこととか新しいアイディアというのはないけど、内子で商売やってる一人として、自発的に内子座で何かやろうとする若い子たちには喜んで協力してやりたい。寄付金とか、チケット販売の手伝いとか。あと近所からクレームがあった時なんかは「僕の顔に免じて」みたいなフォローとかもな。
徳田　あー、そういうのほんと大事。
多比良　でも、ちょっと今日かっこいいこと言い過ぎちがう？（笑）
一同　（笑）
酒井　僕は、まちおこしの活動でも、もっと積極的に内子座を使っていけたらなと思ってます。例えば、婚活支援のイベントで内子を散策した後に、内子座の花道や舞台を使って盛り上げるとか。講演会でも出張町議会でも婚活イベントでも、その内容と内子座という空間がリンクして結果的に心に響く、記憶に残っていくというのは実際にあるし、そういうことがもっとたくさん起これば劇場とはまた違った意味で内子座は面白くなってくるんじゃないかなと思います。
――　やはり次の世代にどう伝えていくかというのが大きなテーマのようですね。
大西　そうやね。でもまずは自分たち自身が楽しいことをどんどんやる、内子座を遊び倒すというのが基本。たぶんその先にしか伝承も循環もありえない。それは町並みに関しても商店街に関しても同じことで、内子座はその象徴なんだと思う。

酒井　お、なんかきれいにまとまりましたね。

（二〇一五年三月一〇日　内子商店街　料亭魚林にて）

※1　二〇〇四年に愛媛県南予地域で開催された町並みをテーマとした博覧会。正式名称は「えひめ町並博二〇〇四」。

※2　愛媛県伊予郡砥部町。内子町からの距離は約四五キロ。伝統工芸品の砥部焼で有名。

※3　一九八八年から活動した町民主体の興行団体。

※4　八名信夫と悪役商会公演。一九九七年一一月七・八・九日、内子座。

※5　俳優。一九三五年生まれ。悪役商会所属。

※6　かつ盛鮮魚店。酒井氏が店主を務める。

※7　愛媛県八幡浜市。内子町からの距離は約三〇キロ。温州みかんの産地として知られる。

※8　歌舞伎の演目「青砥稿花紅彩画」に登場する五人組の盗賊。

※9　新潟県佐渡市小木を拠点とするプロ和太鼓集団。内子座では一九九七年に初演、以降二〇一二年までに七回開催されている。

※10　内子座の舞台上には「遊於藝」と書かれた扁額が掲げられている。

※11　料亭魚林。宇都宮氏が店主を務める。本座談会の会場。

※12　愛媛のご当地アイドル。愛媛の農業を全国に発信することを目的として二〇一二年にデビュー。

※13　内子座創建一〇〇周年記念事業におけるテーマ「二〇一六年内子座ことはじめ」。

年	月日	事項
1991年	5月	内子おたまじゃくしの会結成。1991年11月岡村喬生「歌の旅」公演など
	6月 2日	内子町商工会青年部によるクラシックコンサート開催
	10月12日～13日	第1回内子座演劇祭開催。以降、1992年11月8日に第2回、1993年11月14日に第3回を開催
1992年	2月29日	第1回内子座音楽祭開催
1993年	11月26日～28日	熊本県山鹿市八千代座で第1回全国芝居小屋会議開催
	—	この年、奈落や迫、鳥屋口、便所などを整備
1994年	3月22日	劇団「オーガンス」発足。11月13日に旗揚げ公演「石畳水車小屋未来伝」
	11月 2日～6日	坂東玉三郎特別舞踊公演
	11月25日～27日	第2回全国芝居小屋会議開催。25日に能樂公演を開催
1995年	5月 9日	内子座文楽公演実行委員会結成
	9月30日～10月 1日	「内子座文楽」第1回公演。以降 1999年（第5回）まで毎年開催
	—	この年、文楽などの大規模公演に対応するために改修を実施
1997年	5月24日	鼓童第1回公演（2011年9月23日まで続いている）
2000年	—	この年、冷暖房施設を整備
2002年	8月31日～9月 1日	「内子座文楽」再開、第6回公演。以降現在まで毎年公演
2004年	8月29日、30日	第10回全国芝居小屋会議開催
2006年	9月20日	18代目中村勘三郎襲名披露公演
2011年	7月 2日～3日	「フラメンコ曽根崎心中」公演（2013年10月5日、6日にも実施）
2012年	7月	内子座百周年事業・企画検討委員会発足。以降現在にいたるまで年に6回程度開催
	10月27日	茂山狂言内子座公演「和らいの収穫祭」（以降、茂山狂言公演は毎年開催）
2013年	5月25日	人材育成研修プログラム「内子座物語をつくろう」開始。翌年も実施
2014年	6月20日	茂山狂言の小学生に対するワークショップ始まる。以降、現在まで継続
2015年	7月11日～12日	森山未來企画・出演「Judas' Christ with Soy（ユダ、キリスト　ウィズ　ソイ）～太宰治『駆込み訴え』より～」公演（1ヶ月間内子町で滞在制作）
	11月 7日	茂山狂言内子座公演でワークショップ受講の小学生による「子供狂言」公演実施

年表　内子座100年の歩み

年	月日	事項
1915年	7月 4日	17名の発起人が内子座創立総会を開催。「大典記念株式会社内子座」設立
1916年	2月21日	落成
	2月22日	人形浄瑠璃吉田傳次郎座（淡路島）杮落し公演
1918年	4月21日	紀年学堂落成
1922年		五十崎座開場
1925年	4月頃	旭館開場。内子座の経営が厳しくなる
1928年	10月	崎岡戸一に賃貸（1年間）、以降賃貸が続く
1945年	4月	興行停止
	8月15日	終戦
1949年	1月 8日〜10日	美富久会歌舞伎開催。このころ、内子座での映画上映盛ん
1950年		映画上映のため映写室設置
1953年頃		桟敷席を撤去。椅子席に
1966年	7月26日	内山商工会臨時総代会開催。内子座を事務所として使うことが決定される
1967年	3月10日	商工会が株式会社内子座から建物を82万円で購入。15日から事務所への改築に着手。桟敷撤去
1982年	4月	八日市・護国地区が国の重要伝統的建造物群保存地区に選定
	9月16日	商工会が内子町に建物を寄贈
	9月26日	内子座が町指定文化財になる
1983年	3月	内子地区旧市街地を中心に愛媛県指定文化の里「木蝋と白壁の町並み」となる
	6月13日	文化の里まちづくりシンポジウム開催
1984年	9月	内子町観光振興計画書策定。「内子の目指すべき観光地のあり方は「まちづくり型観光」である」と宣言
1985年	5月14日	「内子座のあり方・使い方を考える住民委員会」第1回開催。以降、5月21日、6月3日に開催
	6月12日	備品充実委員会結成
	6月27日〜29日	第1回「四国こんぴら歌舞伎大芝居」公演（旧金毘羅大芝居）
	9月19日	「内子座の設備及び管理に関する条例」制定
	9月30日	内子座復原工事竣工
	10月 5日	杮落し式典および公演
	12月	蔵漆会結成。86年5月に桂米朝独演会開催など
1986年	10月23日〜24日	「内子シンポジウム'86　まち、暮し、歴史」開催
1987年	12月	内子座社中「ふれだいこ」発足。1990年4月に東京演劇アンサンブル「桜の森の満開の下」公演など
1990年	10月30日	花形歌舞伎特別公演。中村富十郎ら出演。復原後初の歌舞伎公演

あとがき

しかし、そっと佇み、ほんの少し想像力を働かせば、その痕跡から何かを読み取ることも、停止した時の刻みを逆に動かすこともできる。古い建物を観たときに覚える一種説明しがたい感動は、私たちが身をゆだねることができるものを、本能的にさぐりあてたというよろこびかもしれないのだ。

これは一九八二年に発行された『観光ガイドブック　うちこ』に記された言葉である。建物に込められた時間や暮らしを読み解くことの魅力は、かつて活躍した人々の知恵を知り、共感することでもある。地域固有の空間を一つひとつ構成する建物を保存して生活環境を整えることは、ともすると固定した文化活動だけのようにも見えるが、この活動に内子町はまちづくりを託した。高度経済成長を助長する物質充足の都市型まちづくりから心の豊かさを求めた「内子らしい暮らし」をつくりあげていくことへ。さらに、町並み保存運動の成果を町全体へ広げていくこと。いまある「もの」を活かして使うことを拡散していくことである。当時の社会背景からすれば、ベクトルが逆に働くような舵が取られ、丁寧で緻密なまちづくりが始まった。

そして内子座一〇〇周年を節目に、その活動の歩みをふまえて内子座を見つめなおした時、それはどのような意味を持っていたのだろうか。木造でありながら現代の舞台を実現させ、小さい空間ながらも表現者たちを十分に満足させてくれた。一つの劇場の歴史だけでは解けない何かがある。まちづくりにおいてどのような役目を担ったのか。内子座が再興したことで町の何がどのように変わったのか。それらをこの本の制作を通して読み解こうとした。

しかしながらこれがとても難解であった。内子座の建物の変遷、魅力、いつだれがどのような興行をしたのか、取り組んだのかという記録が、膨大に降り積もる中で意味するものを探り当てようとした。が、三ヶ年という時間の中、編集委員会を繰り返し、内子座と関わったであろう人々のロングインタビューを蓄積しながら、章立てやその内容構成など、様々な停滞が起きた。

影響を可視化できる人材輩出の実績、観光ルート化して綺麗になった通りの検証、多くの観光客、何より当初立案されたまちづくりが内子座を通して実現できたのか。心の豊かさをもとめた内子らしい暮らしの実現ができたのか、という世界まで掘り下げることが必要だった。その作業に、研究者であり本書編集委員長も務める徳永高志氏と編集者の岩淵拓郎氏の並々ならぬ尽力を得た。二人による外からの冷徹な目線とずっと住み続けている実行委員の相克を繰り返しながら探った。

編集作業を進めるにつれて見えてきたことは、行政と町民がともに協働しながらまちづくりを力強く推し進めていく姿勢の枯渇だった。次の世代の担い手たちによる座談会は、これを痛いほど感じている彼らの吐露する言葉が連なった。しかし同時に底抜けに明るく希望も語っていた。内子座から羽ばたいた子供たちは、いつかきっと内子座に帰ってくる。まさしくそれこそが開かれた劇場の継承だと気付かされた。

完璧な運営など多分どこにも無い。その地域の人々が知恵を絞り、工夫を重ね、実践を積んでいくしかないのだろう。八五年からの内子座は、まさに「まちづくりのよりどころ」として、内子座らしい運営を実現してきた。さあ、次の一〇〇年がスタートする。内子座を愛してやまない人々がこの町で育ち、劇場運営とともにまちづくりの舵を切ってもらいたい。光り輝くその航海、この本『内子座』が羅針盤のようになれば幸甚である。

二〇一六年一月　『内子座』編集委員会

■本書にご協力いただいたみなさま

（敬称略、五十音順）

池田　央
一柳清志
稲田　繁
稲本隆壽
宇都宮啓之
大西啓介
岡田真一郎
小野　翠
小野植正久
賀古唯義
亀岡義輝
河内紘一
久保省一郎
源田恒雄
児玉政輝
酒井勝也
髙田武志
高田武則
高本厚美
竹下景子
武田隆幸
谷野文子
徳田健市
徳田幸治
冨岡孝宏
新本芳敬
西岡千代子
畑野亮一
林　充哉
兵頭裕次
福岡和彦
藤友光安
冨士森方子
松尾襄次
宮岡廣行
森　秀夫
矢口真弓
山内一郎
山田きよ
山本隆司

■『内子座』編集委員会

岩淵拓郎（編集者・メディアピクニック）
大西啓介（内子まちづくり商店街協同組合）
城戸輝芳（ケーブルネットワーク西瀬戸）
徳永高志（アートＮＰＯカコア）
曽根航也（内子町環境政策室）
中岡紀子（内子町町並・地域振興課）
西岡真貴（内子町町並・地域振興課）
西岡美穂（内子町自治・学習課）
山岡　敦（内子町総務課）
山田きよ（版画家）

〈事務局〉
安川　徹（内子町町並・地域振興課）
林愼一郎（内子町町並・地域振興課）
源田耕一郎（内子町町並・地域振興課）

内子座

地域が支える町の劇場の 100 年

2016年2月15日　第1版第1刷発行

編著者　『内子座』編集委員会
発行者　前田裕資
発行所　株式会社 学芸出版社
京都市下京区木津屋橋通西洞院東入
電話 075-343-0811　〒600-8216
印　刷　オスカーヤマト印刷
製　本　山崎紙工
装　丁　森口耕次
編集協力　村角洋一デザイン事務所

ISBN 978 - 4 - 7615 - 2615 - 3

【好評既刊書】

証言・町並み保存

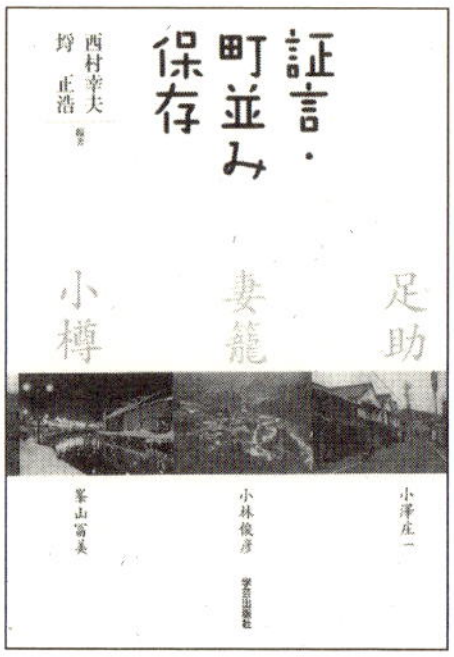

西村幸夫・埒正浩 編著

A5 判・224 頁・定価 本体 2400 円＋税

彼らがいたから町並みが残った。破壊の危機に抗し、地域から新しい価値を創り出した、まちづくり第一世代の肉声。小樽・峯山冨美、竹富島・上勢頭芳徳、角館・高橋雄七、函館・村岡武司、石見銀山・松場登美、内子・岡田文淑、妻籠・小林俊彦、足助・小澤庄一。聞き手は、現在の町並み保存をリードする西村幸夫。

証言・まちづくり

西村幸夫・埒正浩 編著

A5 判・264 頁・定価 本体 3000 円＋税

地域の中でささやかに、しかしまっとうに生きることと、世界の現代史の最先端を生きることとが共振し合うような、そんなまちづくりのトップランナーとして知られている人たちに、どうしてその世界に入っていくことになったのか、運動として広げる契機はどこにあったのかをお話いただき、リーダーシップの姿を明らかにした。

文化政策の展開
アーツ・マネジメントと創造都市

野田邦弘 著

A5 判・224 頁・定価 本体 2400 円＋税

戦後、文化政策は大きく変化してきた。国による法整備に始まり、行政の文化化を目指した 70 年代。ハコモノを量産した 80 年代。そして多様な主体の参画や文化による地域再生戦略に至った現在までを、日本の現場に即して大きく俯瞰。ダイナミックに進化してきた文化政策を、歴史と領域の広がりを軸に整理した本格的な概論書。